MARIS ATLANT
SIVE MAR DEL N
Noua Hispania.
Florida
Cuba
Spagnola
PAR
VULGO
Circulus Aequinoc
DEL
ZVR.
Charcas
Chili.
Prima ego velivolis ambivi cursibus Orbem,
Magellane novo te duce ducta freto.
Ambivi, meritoq; vocor VICTORIA: sunt mi
Vela, alæ; precium, gloria; pugna, mare.
Archipelagus insularum.
Fretum Magellanicum
Tierra del Fu

Dados Internacionais de Catalogação na Publicação (CIP)
(Câmara Brasileira do Livro, SP, Brasil)

José Antônio (Espírito) .
A virgem do sol / pelo espírito José Antônio ;
[psicografado por] Ana Cristina Vargas. --
Catanduva, SP : Boa Nova Editora, 2005. --
(Tahuantinsuyo. Série Os quatro cantos do mundo ;
v. 2)

ISBN 85-86470-33-3

1. Espiritismo 2. Psicografia 3. Romance
brasileiro I. Vargas, Ana Cristina. II. Título.
III. Série.

04-7417 CDD-133.93

Índices para catálogo sistemático:
1. Mensagens psicografadas : Espiritismo 133.93

Impresso no Brasil/*Presita en Brazilo*

ANA CRISTINA VARGAS
DITADO POR JOSÉ ANTÔNIO

A VIRGEM DO SOL

OS QUATRO CANTOS DO MUNDO

TAHUANTINSUYO

boanova

Instituto Beneficente Boa Nova
Entidade coligada à Sociedade Espírita Boa Nova
Av. Porto Ferreira, 1.031 | Caixa Postal 143
Catanduva/SP | CEP 15809-020
www.boanova.net | boanova@boanova.net
Fone: (17) 3531-4444

2ª edição
Do 11º ao 14º milheiro
4.000 exemplares
Agosto/2005

Capa
Direção de arte
Francisco do Espírito Santo Neto
Designer
Cristina Fanhani Meira

Revisão
Sergio Bellinello Soares

Editoração eletrônica
feita a partir da digitação
da própria médium por
Cristina Fanhani Meira

O produto da venda desta obra é
destinado à manutenção das atividades
assistenciais da Sociedade de Estudos
Espíritas Vida, de Pelotas, RS, e da
Sociedade Espírita Boa Nova, de
Catanduva, SP.

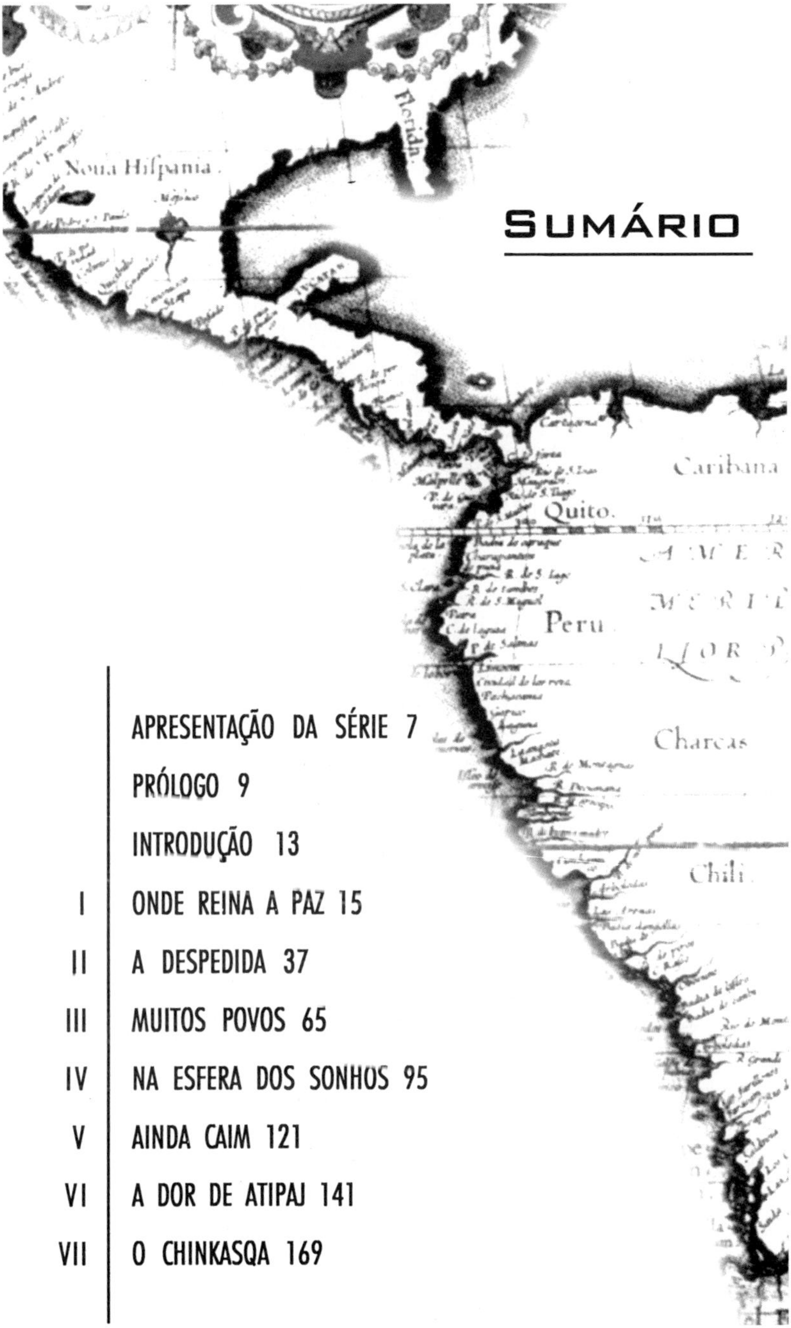
Florida
Noua Hispania
Cartagena
Caribana
Quito
Peru
Charcas
Chili

SUMÁRIO

Apresentação da Série
Os Quatro Cantos do Mundo

Há muitas formas de se escrever um romance.

Ele pode ser ambientado em um dia, em uma semana, em uma vida inteira. O importante é que ele tenha ação, trama, sabor e conteúdo; que fale à razão e à emoção do leitor, que mexa com sua imaginação e o transporte a uma experiência nova, que o enriqueça de informações e o divirta ao mesmo tempo. Não pode ser curto demais. Os bons livros devem parar de pé sozinhos.

A série *Os Quatro Cantos do Mundo*, juntando-se às demais obras do mesmo autor, é uma colaboração na tarefa de divulgação doutrinária. História extensa; sabiamente, o autor espiritual a estruturou e ditou em três partes, que chegam a suas mãos tal qual nos foram entregues.

Tudo começa com *O Herdeiro* – a primeira obra: uma grande herança e um único herdeiro, patrimônio cercado de compromissos e ônus. Neste volume, uma grande pergunta acompanha o leitor: até que ponto a ânsia da posse de bens materiais pode levar o homem?

Em *A Virgem do Sol* – segunda obra – tomamos contato com uma civilização antiga, cheia de lendas, rituais, deuses e uma espiritualidade latente, onde se mesclam espíritos de grande evolução, almas antigas habitantes de outras constelações, e espíritos ensaiando passos no caminho da evolução na Terra.

Estes dois volumes traçam uma linha paralela entre duas culturas e diferentes formas de lidar com os bens da Terra. Cada um deles tem seu enredo próprio, mas a continuidade da vida dos personagens aparece no terceiro volume – O Fim e o Início.

A proposta doutrinária da trilogia é levar o leitor a refletir sobre os temas relacionados à lei de conservação: o medo, a raiva, o supérfluo e o necessário, os bens de fantasia, o que são os bens da Terra, a dor, o prazer, a necessidade de viver, a relatividade dos conceitos conforme a cultura de cada povo e a época – enfim, como estabelecemos nossa relação com este patrimônio divino ofertado para nosso aprendizado. E, especialmente, o último volume aborda o necessário complemento à lei de conservação: a destruição, oferecendo temas de reflexão quanto à crueldade, às guerras e flagelos, nos mostrando que, na Natureza, tudo caminha com e para o equilíbrio, ainda quando nos pareça injusto ou incoerente.

PRÓLOGO

O berço da civilização andina remonta a período anterior à era cristã; por volta de 900 a 200 a.C. se encontram resquícios da cultura Chavín, que dominava técnicas metalúrgicas e têxteis e cuja arte ainda podemos admirar.

Uma longa sucessão de reinos e culturas culminaram com o surgimento, em 1.400 d.C., do Tahuantinsuyo, que em quíchua – língua nativa dos Andes – quer dizer "Os Quatro Cantos do Mundo", ou seja, o Império Inca, cujo território se espalhava por todo o Peru, Bolívia, Equador, Sul da Colômbia, metade superior do Chile e noroeste da Argentina.

Inegavelmente, uma grande e milenar civilização, que ocupou e povoou a América do Sul, fazendo florescer sob seus domínios progresso econômico, social, cultural e científico.

Esse fabuloso povo soube, com genialidade incomum, recuperar e aperfeiçoar todas as invenções das nações conquistadas.

As artes, a arquitetura e os conhecimentos de medicina, ainda hoje ao alcance de nossa observação, falam de uma cultura riquíssima, de inegável evolução tecnológica. Entretanto, seu maior legado não são apenas magníficas ruínas, mas toda uma admirável organização social, que agora, passados séculos, contemplamos com assombro, pois a realidade de ontem é hoje um anseio, em muitos pontos.

Sua sociedade dividia-se em realeza, nobreza e povo. A realeza era formada pelo Inca e sua esposa, a Coya – de preferência, irmã de pai e mãe – e pelos filhos legítimos do casal. O casamento incestuoso – para os nossos padrões – não o era para eles e a prática restringia-se apenas ao casal real, justificando-se pelos princípios da religião solar professada pelo Império, onde o Inca e a Coya eram filhos diretos dos deuses e seus representantes entre os homens, o que também lhes conferia a autoridade suprema como governantes.

A nobreza podia ser de sangue ou de privilégios; entretanto, esta classe devia servir de exemplo e ser útil ao Estado, nunca ociosa. Sobre a realeza e a nobreza pesava a responsabilidade administrativa, religiosa, militar e educacional. Para cumprir seu destino de dirigentes do povo, eles deviam estudar, e seus estudos eram dirigidos pelos sábios e filósofos, muito venerados no Tahuantinsuyo. A formação deles incluía o estudo do idioma quíchua; teologia, abordando filosofia cósmica, astronomia e astrologia; matemática, incluindo estatística, economia, geometria, hidráulica e os quipus – que você conhecerá ao longo desta obra; e história, envolvendo estratégia militar, política e geografia. Os alunos poderiam ser severamente punidos pelos mestres se fossem preguiçosos em seus esforços por adquirir e desenvolver conhecimento.

O povo era composto por camponeses e criados. Levavam vida muito simples e regrada: aos 18 anos ingressavam no serviço militar, aos 25 anos casavam-se por livre escolha, aos 50 anos paravam de trabalhar na terra e passavam a fazer pequenos serviços na comunidade, sobretudo ensinando às crianças. A educação do povo era transmitida de pai para filho ou pelos anciãos das comunidades, baseados no código de valores da moral Inca, onde predominava o amor à verdade, à honra e ao trabalho.

Construíram uma forte organização política encabeçada pelo Inca – ligação entre o céu e a terra –, o cérebro do grande Império, acompanhado dos príncipes herdeiros, escolhidos ainda na infância, de conformidade com os pendores demonstrados para exercer com sabedoria a liderança. Logo abaixo vinha o Conselho Imperial e, depois, sucediam-se governadores, supervisores e prefeitos. A população era superior a cinco milhões de habitantes de inúmeras culturas, todas reunidas sob a administração estatal do Tahuantinsuyo; esta população habitava comunidades, grandes cidades e pequenos vilarejos, apresentando todos uma padronização administrativa cujo ponto de partida era o chefe de família.

Também demonstravam invejável organização militar, que atendia ao espírito expansionista do Império; para eles, era dever sagrado possuir e dominar os povos andinos. Acreditavam que, com isto, não faziam mais do que atender a uma vocação divina, e tinham como meta subjugar as nações e ensiná-las; após as vitórias, os derrotados não eram escravizados e nem a nação se tornava colônia, mas passava à condição de província, à qual era trazida a mesma estrutura do restante do Império. Impunham o idioma quíchua, a religião solar e a estrutura administrativa.

Seu exército chegou a somar 200 mil soldados. As armas mais usadas eram as lanças, as boleadeiras, a funda, o machado e o arco e a flecha. Só guerreavam quando falhava o uso da diplomacia.

A agricultura era a principal vertente econômica e a terra, valorizada como deusa. Adquiria-se a posse da terra pelo nascimento; cada recém-nascido recebia por empréstimo um pedaço de terra. As casas eram construídas em sistema de mutirão e ofertadas aos jovens casais com seus pedaços de terra. Não existia moeda, vigorava o sistema de troca de produtos, que não tinham valores préestabelecidos. Cada unidade, fosse vilarejo ou grande cidade, deveria ser auto-suficiente.

O trabalho no Tahuantinsuyo era obrigatório e indicava saúde e felicidade; era dividido de acordo com o sexo e a idade. O ócio era ofensivo ao Império, ao Inca, ao deus sol e à comunidade à qual pertencia a pessoa, sendo severamente punido.

Não havia necessitados sob a égide da grande civilização andina.

Quando as primeiras cenas deste volume me foram mostradas, um sentimento de irrealidade, de sonho e admiração me atingiu. Eram imagens muito distantes da nossa vivência atual, ensinamentos e práticas individuais e coletivas belíssimas de uma cultura que ainda vibra em muitos de nós como aspiração profunda de legítimo progresso social em muitos campos; porém, parecia inacreditável que já houvesse existido. Busquei diversas fontes de estudo: qualquer notícia, matéria, livro, documentário que abordasse a civilização Inca e chegasse ao meu alcance me foi útil para confirmar as informações recebidas por via mediúnica. Foi preciso conseguirmos dicionários da língua quíchua e colocarmos muitas notas no texto, explicando o significado das expressões, além de outras elaborados pelo autor espiritual. Por isso, julguei necessário acrescentar ao segundo volume da série este prólogo, com o único propósito de facilitar ao leitor a tarefa de situar-se nesse fascinante universo Inca.

Não lhe desejo uma boa leitura, mas uma boa viagem rumo a uma civilização perdida, cheia de ensinamentos e espiritualidade.

Pelotas, 09/09/2004.
Ana Cristina Vargas.

INTRODUÇÃO

A arrogância lança um véu denso sobre os olhos e a mente daqueles que se comprazem em alimentá-la. É ela que impede o homem de ver a si mesmo e aos outros como realmente são. A arrogância nos faz crer que somos os melhores, que a nossa forma de viver é a mais correta, que a nossa cultura é superior, que o nosso vestuário, a nossa habitação, a nossa organização social, econômica e política, a nossa religião – enfim, tudo que nos pertence é o melhor e o certo. São as "nossas coisas" em oposição às "deles", estabelecendo-se a separação, a luta, a divisão. Eles são sempre os errados, os ímpios, os infiéis, os necessitados, os atrasados, os selvagens, não merecendo a nossa atenção.

Essa forma de agir destrói sem analisar, sem pensar, sem aprender.

Sepultaram o passado e lançaram sobre ele uma pá de cal. Entretanto, ele vive, respira em sua glória e decadência, no íntimo de cada um. Os fatos são circunscritos a determinada localização geográfica; porém, as vivências marcam seres imortais que habitam o universo, nascendo, crescendo, morrendo e tornando a renascer nos quatro cantos do mundo.

José Antônio.

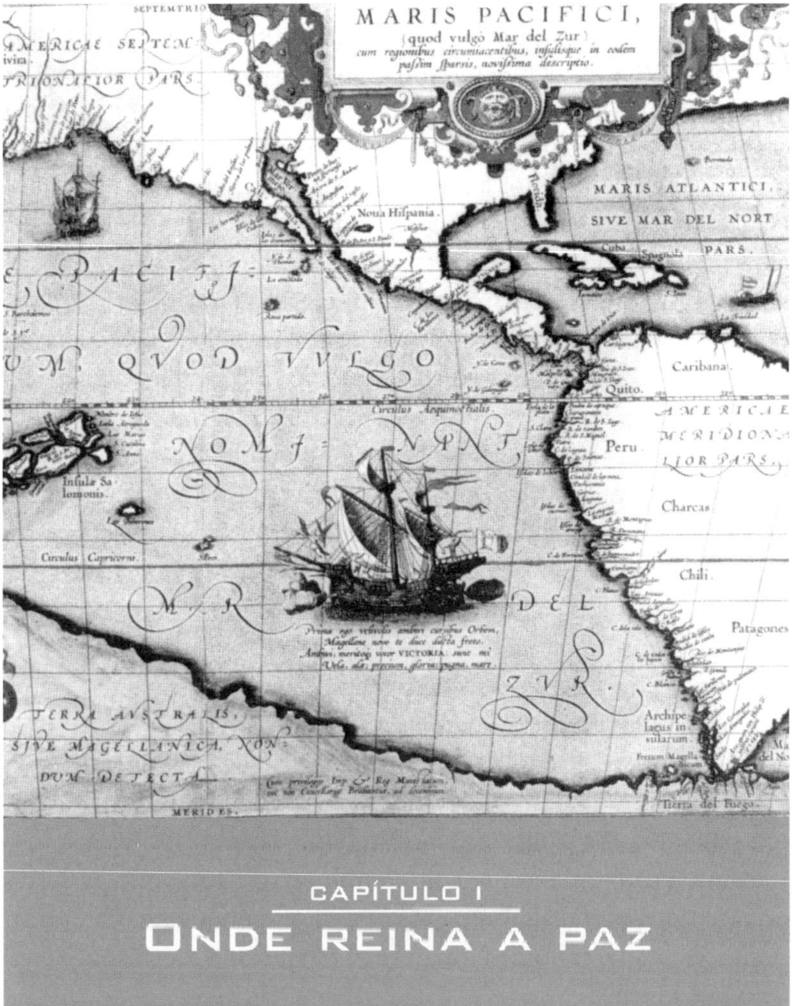

CAPÍTULO I

Onde reina a paz

"De dois povos chegados ao cume da escala social, só poderá dizer-se o mais civilizado, na verdadeira acepção do termo, aquele em que se encontre menos egoísmo, menos cupidez e menos orgulho."

(Allan Kardec. *O Livro dos Espíritos*, q. 793.)

Nas grandes altitudes da cordilheira dos Andes, em meio aos picos das neves eternas, se distendia uma paisagem de ofuscante beleza, selvagem, livre e, ao mesmo tempo, plenamente dominada pela mão humana, em uma harmoniosa convivência. Construções de pedra, pontes, aquedutos e estradas cortavam aquele território indócil e de difícil acesso. O jovem sacerdote Inca subia os degraus que levavam da praça sagrada até o templo. Enquanto andava alegremente, cumprimentava as pessoas; porém seu rosto, normalmente sereno, estava marcado por rugas na testa e o olhar refletia preocupação.

Sem maior esforço, venceu a escadaria, alcançando a porta do grande templo dedicado a Inty[1] e, respeitosamente, entrou no recinto.

Unindo as mãos sobre o peito e erguendo o olhar à grande peça de ouro que simbolizava Inty, Atipaj[2] pôs-se mentalmente a agradecer ao Criador por aquele dia e pelas estranhas aflições que o acompanhavam. "Ser supremo, força universal, eu te reverencio e comungo o teu esplendor. Beleza infinita a iluminar e aquecer nossas vidas, grande mensageiro de Viracocha[3], invade minha alma com tua luz, fecunda o meu ser para que contemple a vida do alto" – pedia Atipaj em prece.

Com passos leves uma moça pequena e esbelta, bronzeada pelo sol, rosto delicado, longos e pesados cabelos negros, lisos e brilhantes, trajando uma túnica de algodão bordada com fios de lã, andava suave e reverentemente pelo templo. Contemplando as costas do sacerdote, parou alguns passos atrás dele, pondo-se a orar a Inty. Assim permaneceram um longo tempo, apenas a moça consciente de não estar só.

Atipaj, aliviado após a prece, voltou-se de frente para a porta principal, surpreendendo a accla[4].

[1] "Deus sol", a divindade popular mais importante. Era adorado em muitos santuários pelo povo Inca, que lhe rendia oferendas de ouro, prata e as chamadas virgens do sol - nota da médium (nm).

[2] Expressão quíchua que significa "vencedor" - nm.

[3] Deus supremo das religiões andinas. O criador, pai e mãe do sol e da lua - nm.

[4] "Mulher escolhida". Este termo foi traduzido pelos espanhóis para "Virgens do Sol". São as moças dedicadas ao serviço do deus sol e do Inca - nm.

– Está melhor? – indagou a jovem com voz melodiosa.

– Como sabe que eu não estava bem?

– Senti, você trazia o peito oprimido e uma agitação febril. Estou errada?

– Não.– respondeu Atipaj, surpreso com a percepção da desconhecida.

Naira[5] sorriu, tocou o braço do sacerdote e falou meigamente:

– Acalme seu coração. Pacha Mama[6] protege seus filhos, nada haverá sem a permissão das forças que regem a vida. Use sua sabedoria para apaziguar os líderes do povo. Avise-os, alerte-os, lembre-os da importância da paz. Nossa missão é levar o conhecimento a quem não o tem. – Levando a mão do braço ao peito do sacerdote, a jovem o acariciou levemente, como se desejasse infundir paz. – Atipaj, acalme seu coração.

– Você sabe o meu nome, o que sinto, mas eu a vi pela primeira vez há poucos dias, nem lembro como se chama. Quem é você? De onde vem? De qual povo descende?

– Eu sou Naira. Recebi esse nome de minha avó, que disse quando nasci que meus olhos eram grandes porque veriam além dos homens e dos tempos. Meu pai é Inca, minha mãe pertencia a uma tribo da região dos lagos – respondeu Naira, retirando a mão do peito do sacerdote. – Quando menina, fui escolhida para ser dedicada a Inty. Venho à cidade sagrada pela primeira vez, para a celebração do Inty Raymi[7].

– Entendo, por isso a segurança nas suas percepções. E como sabe quem sou?

---

[5] "De olhos grandes" - nm.

[6] A "Mãe Terra", que tinha um culto muito idolatrado por todo o império, pois era a encarregada de propiciar a fertilidade nos campos - nm.

[7] Festa religiosa mais importante, segundo a crença Inca. Era celebrada na ocasião do solstício de inverno (24/06), quando se iniciava o novo ano solar. De grande importância religiosa, cerimonial, social e política, as comemorações se estendiam por todo o império - nm.

– Todos aqui falam de Atipaj, o sacerdote do Império. Mas eu o vi nas águas da fonte e soube que precisava de mim.

Atipaj olhou a accla, tão serena e firme; tomou-lhe a mão e, convidando-a sentar numa grande plataforma de pedra sobre a qual se erguia o altar, solicitou:

– Fale-me sobre o que viu.

– A mensagem que lhe trouxe foi clara, Atipaj: acalme seu coração – repetiu Naira, levando as mãos aos longos cabelos negros, enrolando-os e colocando-os sobre o ombro esquerdo. – Fui à fonte logo cedo, quando todos na cidade dormiam, pois acordei durante a madrugada com uma sensação de aflição, não consegui ficar no leito e resolvi buscar o contato com a Pacha Mama. Andar descalça em meio às plantações pacifica-me; andei muito. Abençoando as plantações e evocando a proteção da deusa mãe encontrei a calma. Quando voltava para a casa das acclas, parei na fonte e, pondo minhas mãos na água, vi desenhar-se o seu rosto e as sensações de aflição retornaram; vi cenas de lutas, senti a vida do Inca ameaçada e várias vezes vi você falando ao povo e aos líderes. Não compreendi as palavras, mas as cenas eram claras e a última delas era um grande grupo de pessoas embrenhando-se nas florestas, sob a sua liderança.

Atipaj ouvia a narrativa e pensava que, justamente naquela hora, estava envolto em sonhos perturbadores com imagens semelhantes as vistas pela accla. Também vira lutas e mortes sangrentas; pressentia turbulências no centro do comando do Império.

Pensara muito, mas não encontrara causas para uma rebelião; há vários anos viviam sob o império da paz. Os últimos governantes usavam mais de diplomacia do que de guerras para expandir seus domínios sobre outros povos; a estes interessava a proteção e os conhecimentos dos Incas, portanto, não havia razão para qualquer levante. O vasto e bem treinado exército realizava apenas um serviço de proteção e vigilância das cidades e povoados, além de servir à instrução dos jovens que obrigatoriamente a ele se incorporavam por algum tempo, até dominarem conhecimentos suficientes para a autodefesa e consciência da importância da unidade do Império.

Tomando-lhe a mão entre as suas, Atipaj apertou-as amistosamente, comentando:

– Naira, tenho sonhos semelhantes a sua visão e isso me aflije, pressinto algo obscuro e sangrento no futuro e não sei de onde vem. É uma ameaça distante, desconhecida. Não parte de nenhum povo próximo. É estranho! E acalmar meu coração está sendo muito difícil, pois esses sonhos têm perturbado meu descanso.

– Acalma teu coração. De nada adiantará desesperar-se pelo futuro; ele não chegará antes da hora e, enquanto te deténs em agonia, perdes a grande oportunidade de trabalhar para evitar o mal ou, se esta realmente for a vontade de Viracocha, de pelo menos amenizá-lo. A deusa mãe nos mostra as dádivas de esperar trabalhando. Observa, Atipaj, primeiro preparamos o solo, depois lançamos as sementes, então cuidamos que cresçam, mas Pacha Mama só as faz dar frutos quando é tempo. Faze o mesmo com tuas visões e pressentimentos do futuro.

Atipaj sorriu e, erguendo a mão, delineou os contornos do rosto da accla, detendo-se ao redor de seus grandes olhos escuros. Com voz calma, disse:

– Cultuas a deusa mãe com sabedoria, aprendendo com as ações dela. Tens razão, preciso cultivar esse solo de informações que me chegaram pelos sonhos, trabalhar e aguardar o tempo certo, aceitando a vontade suprema de Viracocha. Obrigado por tuas palavras.

– É meu dever, Atipaj. Foi-me ensinado que toda aquela que conhece a luz é devedora da ação de iluminar. Não poderia calar minhas visões; a força delas me trouxe ao teu encontro. Como poderia participar dos festejos do Inty Raymi com tais segredos em mim?

Atipaj silenciou algum tempo; olhar perdido, recordava as cenas de seus sonhos e, como se falasse para si mesmo, declarou:

– Tenho medo. Olho nosso povo e os vejo felizes, alimentados, trabalhando. As colheitas têm sido fartas, as necessidades são satisfeitas e nossos jovens aprendem, conforme sua condição familiar, as artes que precisarão para viver. São saudáveis, a alegria está estampada nos rostos, e então surgem esses sonhos... – Atipaj fez uma pausa, enquanto sua mente vagava pelas imagens de seu povo. – Acalmarei meu coração. Assim pedem os deuses, eu obedecerei.

– A paz precisa de nossa colaboração – disse Naira serenamente, chamando a si a atenção de Atipaj.

– E deve começar por sabermos viver cada momento dentro de seus limites. Meus pensamentos estavam saindo dos limites desta hora e vagando pelo campo nebuloso do futuro. É lógico que me assustasse.

– Dê paz ao teu pensamento e verás ela frutificar a teu redor.

Atipaj sorriu e pensou: "É sábia a accla Naira." Mas, em voz alta, convidou:

– Venha comigo, vamos nos alimentar e prosseguir nossa conversa.

Naira imediatamente levantou-se e, passando à frente do sacerdote, dirigiu-se ao altar, reverenciando o deus sol. Todo o templo reluzia a ouro, que, segundo a crença Inca, era o metal representativo de Inty – o deus mensageiro de Viracocha.

O casal afastou-se do templo, ganhando a rua, que regurgitava de pessoas em atividade; por todos os lados havia trabalho e no ar ouvia-se o canto distante e melodioso das meninas que pastoreavam as lhamas.

As roupas simples do povo davam colorido às ruas: havia muito vermelho e amarelo nas túnicas, nos pequenos ponchos e calças de algodão, nos calçados de feltro. Enfeitavam-se com muitas jóias, salientando-se o grande pingente em ouro com a marca do Império, que todos usavam e brilhava à luz do dia.

A civilização inca não acumulava o ouro, não o utilizava como metal valioso ou bem de troca; ele era cultuado e trabalhado pela beleza, pela cor e brilho, que se assemelhavam ao sol.

O sistema de produção baseado na agricultura fazia com que cada povoado produzisse o necessário a sua subsistência; as terras eram divididas em três partes iguais, que se alternavam de colheita a colheita, sendo uma do Império, uma do povoado e outra destinada ao deus sol, onde não havia semeadura. Com esse sistema, impunha-se o descanso do solo e mantinha-se seu aproveitamento integral. A produção das terras destinadas ao Inca era armazenada em depósitos denominados "tambos", localizados em pontos estratégicos dos caminhos que ligavam as diversas cidades e povoados existentes na cordilheira dos Andes e alimentavam a realeza e a nobreza; os excedentes eram guardados para épocas de escassez e redistribuídos entre os povoados.

O trabalho era obrigatório para homens e mulheres, sendo encarado como sinônimo de saúde e felicidade, mas o repouso era contemplado e a velhice amparada; aos 50 anos, abandonavam as atividades agrícolas e dedicavam-se a pequenos trabalhos em prol da comunidade, e à educação das crianças.

As famílias constituíam-se através do casamento de livre escolha e vontade dos casais, em geral entre jovens em torno dos 25 anos de idade e, para cada casal, era destinada uma fração de terras, onde construíam sua casa, em pedra ou adobe, cobertas com capim, auxiliados pelos demais moradores em regime de mutirão; não havia necessitados.

Os idosos ensinavam aos mais jovens e às crianças os valores morais do Império: o amor à verdade, à honra e ao trabalho. Não aceitavam o homicídio, o aborto, o estupro, a desobediência dolosa, a injúria, a ira e a inveja. Os jovens pertencentes à realeza e à nobreza eram educados nas Yachahuausi – Casa do Saber – por filósofos e sábios, os amautas[8], pois eles exerceriam no futuro a administração da sociedade e deveriam dominar conhecimentos de teologia, incluindo filosofia cosmológica, astronomia e astrologia,

[8] "Mestres" - nm.

matemática, estatística, economia, geometria, hidráulica, e os quipus[9]; história e estudo de estratégias militares, política e geografia, além do idioma quíchua.

A preguiça era punida com o trabalho inútil de carregar pedras grandes desde a entrada até a saída dos vales, para logo depois retornar, no intuito de fazer o preguiçoso aprender a valorizar o sentimento de realização oriundo do trabalho e receber o cansaço natural como gratificação.

A valorização do trabalho garantia o progresso e a intensa atividade diária, que, naquela manhã, não fugia à regra.

Naira olhava ao redor e sorria prazerosa, chamando a atenção de seu acompanhante.

– Qual a razão desse sorriso?

– Alegria, Atipaj. Quando olho nosso povo, sinto-me feliz e qualquer sacrifício pessoal é recompensado pelo rosto rosado e feliz das crianças, pela saúde dos adultos, pelas novas casas que vejo se erguerem nos bairros da cidade ou nos povoados pelos quais passei. Sinto ânsia de viver e não mudaria um só passo do meu caminho, se necessário fosse recomeçá-lo.

– O amauta Wanka[10] gostará de você. Já o conheceu?

– Ainda não. Chegamos há apenas três dias, não tive oportunidade de conhecer muitas pessoas nem lugares. A beleza da cidade cercada pelos picos me encantou, parece que podemos tocar o céu, estamos mais próximos da morada de Inty.

– Wanka é um dos sábios da Yachahuausi onde fui educado. É um grande amigo e conselheiro – comentou Atipaj com olhos brilhantes, lembrando o mestre. – Ele diz exatamente isso: o velho

[9] Objeto utilizado para o registro de estatística, como os levantamentos censitários. Eram cordões ou bastões com fios de comprimentos e cores variados, nos quais faziam nós de diversos tipos. Funcionários chamados de mantenedores dos quipus registravam e "liam" os dados, que incluíam números de base 10, divididos em partes decimais: milhar, centena e dezena. Também eram usados como auxiliares para rememorar as histórias recitadas - nm.

[10] "Pedra grande" - nm.

pico estava próximo de Inty, por isso nossos antepassados escolheram este lugar para fundar a cidade sagrada.

– Interessante – respondeu Naira e, calando-se, impôs silêncio ao jovem Atipaj, que se conteve a contragosto, apenas observando sua nova amiga, alegre e sorridente, admirando a cidade com interesse.

Atravessaram uma praça larga cercada de prédios e, poucos metros além, chegaram à área onde residiam os membros da realeza e da nobreza.

Logo alcançaram as amplas instalações da Yachahuausi, àquela hora da manhã repleta de aprendizes. O casal avançou – a figura de Atipaj era conhecida e respeitada, mas a presença da virgem que o acompanhava chamava atenção; suas vestes e jóias indicavam a posição que ocupava e todos a recebiam com deferência. Afastando uma grossa cortina de couro curtido, adentraram uma sala decorada com objetos de arte esculpidos em pedra, ouro, prata e madeira, imitando seres da natureza, guerreiros, imagens de deuses e deusas, adorados pelo povo. Em uma grande parede da construção, uma enorme placa em ouro com a imagem do sol.

Em posição de lótus, um homem alto e forte – vestido com túnica colorida e trazendo na fronte uma tiara de prata, onde se via esculpidas em relevo cenas da vida do povo e suas crenças; os cabelos escuros, com poucos fios brancos, alcançavam a altura dos ombros, o rosto de traços fortes, a pele morena sem rugas, a boca grande e marcante de lábios finos, os olhos fechados – irradiava paz e tranqüilidade. Era alguém que sabia viver em perfeita comunhão com a natureza, conhecendo e estudando as maravilhas da criação.

Respeitoso, Atipaj fez sinal a Naira, indicando que se sentasse no piso da mesma forma que viam o sábio Wanka.

Naira fora ensinada desde a infância a reverenciar e a respeitar as formas de adoração aos deuses; por isso, seu primeiro interesse foi a figura do sábio e, reconhecendo que ele se entregava a um ato de comunhão com o universo, o restante do ambiente novo em que se encontrava não lhe despertou interesse.

Lentamente, o sábio começou a mover-se, divisando de relance os jovens que o aguardavam. Reconheceu Atipaj e deteve-se analisando a jovem accla, cujo rosto espelhava harmonia e calma.

Um brilho de aprovação perpassou o olhar de Wanka e, sorrindo, ergueu-se e aproximou-se dos visitantes.

– Bom dia, Mestre Wanka – saudou Atipaj. – Trouxe uma visitante para conhecê-lo.

– Posso ver, Atipaj. Como é seu nome, accla?

– Naira, mestre – respondeu, baixando o olhar em sinal de deferência.

– De onde vens? Não lembro de tê-la visto antes.

– Venho de Cuzco, mestre. É minha primeira visita à cidade sagrada. Estou encantada com a paz e a beleza que encontrei.

Wanka analisou detidamente as delicadas mãos de Naira; atendendo a um impulso, voltou a sentar-se, tomou-lhe uma das mãos e, acariciando-a, respondeu:

– A beleza de nossa cidade aumenta com a tua presença. Vens de Cuzco acompanhando o Inca, estou certo?

– Sim, embora tenhamos partido alguns dias antes. O Inca e a Coya[11] deverão chegar entre hoje e amanhã. Somos sete acclas, acompanhadas de nossas mestras, que viemos conhecer a cidade e as nossas irmãs daqui.

Wanka soltou a mão de Naira e indagou:

– O que o traz aqui tão cedo, Atipaj? Num dia tão próximo às celebrações de Inty Raymi, pensei que estivesses muito ocupado para visitar teu mestre.

– Nunca estou ocupado para vir visitar-te, Wanka. Preciso de tuas orientações, tenho enfrentado momentos de aflição por causa de meus sonhos. Naira também tem tido visões e trouxe-me uma mensagem.

[11] "Rainha". Sempre uma irmã do Inca. O seu filho era o legítimo herdeiro da posição ocupada pelo Sapa Inca (imperador Inca) - nm.

Wanka encarou serenamente o jovem sacerdote e, com um olhar firme, fê-lo compreender que aguardava o relato de tais sonhos e visões, o que não se fez esperar.

O sábio pôs-se de pé e andou até a parede de pedra, em forma de degraus, onde se viam várias esculturas com figuras dos reinos da natureza ricamente trabalhadas em metais preciosos. Apontando um degrau onde estava uma imagem humana em pedra e, no superior, outra idêntica em ouro, explicou:

– Atipaj, pouco antes de você chegar, eu meditava sobre as inúmeras gradações da natureza, inclusive entre os homens. Os mais afoitos olham a vida e notam apenas coisas bem separadas, distintas; apressadamente, classificam tudo. É uma forma de aprender. O problema está quando as pessoas acreditam que conhecem tudo e afastam seus olhares, orgulhosas de haverem dominado os desígnios de Viracocha. Ah! Meu jovem sacerdote, como são pobres essas almas! São primitivas, nesse vasto reino. – Wanka agora apontava com gesto amplo a escada que decorava a parede desde os primeiros degraus, onde estavam elementos minerais e pedras preciosas belíssimas em sua forma bruta. Depois, sucediam-se diversos tipos de esculturas imitando vegetais, animais e homens, sendo vários degraus ocupados por tipos humanos representando a diversidade de graus de compreensão que a sociedade Inca reconhecia entre seus membros, culminando com os deuses. – Existem fios muito tênues ligando tudo na vida. O isolamento, a separação nítida que alguns vêem, não é mais do que uma ilusão, ou uma oclusão. Não vemos além ou aquém da nossa compreensão, por isso nem todos são sensíveis a essas ligações sutis que encadeiam a natureza. Observe os astros: estão tão distantes, parecem mesmo inatingíveis, mas eles influenciam o movimento da natureza na terra e, conforme os solstícios, tudo se modifica. O corpo das mulheres e as marés obedecem às luas. O que existe no céu existe na terra e as ligações são infinitas.

– Eu sei, Wanka, já percorri o vale sagrado e conheço os astros.

Entendo que esteja me falando isso para me mostrar que meus sonhos têm ligação com os deuses, mas disso jamais duvidei – apartou Atipaj.

– Confio que tenha tido boa formação, Atipaj. Estou recordando-lhe esses ensinamentos para lhe dizer que precisamos confiar nessas ligações sutis tanto quanto na nitidez da classificação das coisas mais brutas e densas do reino de Viracocha.

– O problema é que esses sonhos me fazem temer o futuro, Wanka. São visões de destruição e sangue. Aparecem homens desconhecidos, sinto-me aflito. Naira me trouxe a mensagem de confirmação desses sonhos e me disse que deveria acalmar meu coração...

– E você não conseguiu – atalhou Wanka. – Ligue-se aos sinais que você recebe, confie em sua intuição e vá avançando no reino da percepção sutil, Atipaj.

– Parece estranho que, sendo um sacerdote, não saiba como lidar com isso.

– É a verdade de sua alma. Ela deve ser cultivada, ignorá-la não resolveria. Compreenda, Atipaj, os sonhos são nossas ligações sutis com os espíritos de nossos antepassados, com os deuses; se eles lhe mostram algo, e é esse o caso, é para que você saiba como agir, sendo fiel e valoroso ao povo que guia.

– Meu desejo é evitar que ocorram as cenas que vi.

– Isso não está em suas mãos – lembrou firmemente Wanka. – O que está em seu poder é fazer o melhor neste momento. O futuro e o que nele ocorrerá não nos pertence, ainda. Trabalhe agora e aguarde, use seu conhecimento quando chegar a hora.

– A matança que vejo pode ser o fim. Quisera poder evitar essa guerra!

– O fim é apenas uma mudança de estágio, Atipaj. Ele não existe.

– Suas palavras são profundas, amauta Wanka – falou Naira suavemente. – Eu vivo esse mundo cheio de ligações sutis entre a forma bruta e o que há no céu. A certeza dessa escalada infinita e das transformações e seqüências que unem nossas existências me infundem alegria e gratidão. Dão calma a minhas ações. Por isso fui em busca de Atipaj. Ouvindo você falar, vejo que ele só precisava ser lembrado.

– Entre conhecer, sentir e viver o que se sabe da natureza há longos caminhos e podemos nos perder em alguns momentos, não é mesmo, Atipaj?

– Nesse reino de sutilezas, aceitar as determinações que não se encontram em nossas mãos está onde? – perguntou Atipaj.

– No sentir.

– Preciso pensar. Você está certo, mestre Wanka, intimamente não aceito a idéia da destruição.

– Você ainda não compreendeu que a destruição é uma necessidade e está nas disposições de Viracocha. Se não houvesse a destruição das coisas e dos seres, não haveria espaço para as transformações e o progresso.

– E tudo quanto fizemos não é progresso, mestre? Como fica? Não devemos lutar para manter nossas conquistas?

Wanka ergueu-se e o som de sua risada reverberou pelo ambiente. Andou até uma das aberturas e deixou-se contemplar o firmamento, de um azul vibrante e envolvente.

– O progresso é duradouro, indestrutível, meu jovem, e já devias estar consciente disso; ele se realiza de dentro para fora. Mude o espírito que habita o corpo e aguarde que ele atue nos grupos. As conquistas tornam-se algo tão íntimo e próprio de cada um, que é como se fosse uma de nossas vísceras. Você não luta para manter suas vísceras, não é?

Naira ouvia encantada as ponderações de Wanka; observando que Atipaj ainda estava confuso, estendeu a mão e tocou-lhe suavemente o braço, dizendo:

– Atipaj, preciso retornar à companhia de minhas irmãs, mas antes gostaria de te pedir que não esquecesse a necessidade de acalmar teu coração. Note quantas horas se passaram. Pensa e volta tua atenção quanto antes ao dia presente, confie nos desígnios de nossos deuses. – Naira ergueu-se, andou até próximo do sábio. – Foi uma alegria ter ouvido suas palavras, ter tido a oportunidade de conhecê-lo; se não for incômodo, gostaria de retornar aqui para conversarmos.

– Quando desejar, Naira. Simpatizei com você. Venha outras vezes, enquanto estiver na cidade.

Sorrindo, Naira agradeceu a acolhida do mestre e despediu-se dos dois homens, afastando-se sozinha pelo caminho antes percorrido. Rapidamente ganhou a praça e dali se encaminhou para o palácio das virgens do sol.

O interior do palácio das acclas poderia ser considerado suntuoso, luxuoso, rico e até mesmo prepotente, se descrito pelos olhos de um estranho aos povos das Américas; porém, todos os metais e pedras preciosas, tapeçarias, cerâmicas, esculturas e tecidos que se via, as belezas que o cercavam tinham apenas a finalidade de embelezar e honrar os seus deuses.

Não obstante todos os conhecimentos que dominavam, eles eram de uma doce e cândida ingenuidade, lembravam crianças que não dão a seus brinquedos senão valores sentimentais. Os líderes e principais responsáveis tinham uma visão da humanidade bem mais abrangente e madura. Não ignoravam a força das paixões existentes no coração humano, muito menos o longo aprendizado a que todos, como seres espirituais, estamos submetidos, incluindo a maturação das idéias e dos sentimentos, o conhecimento e a superação do universo interior. Por isso, a educação transmitida ao povo era uma cultura de trabalho, disciplina e confiança nos valores morais individuais; não incentivavam a ganância, a cobiça, a inveja e a ira, que, quando manifestadas no caráter de alguém, eram imediatamente corrigidos.

Aves exiladas, aquelas almas sonhavam construir um mundo novo entre os espíritos quase verdes, imaturos, dos povos andinos.

Como todo sonho, havia o desejo, inatingível e utópico, de manterem-se para sempre no anonimato e, se revelados, opor à força bruta o poder da docilidade.

Inegável que a brandura supera e vence a força, porém nunca de imediato; é, ainda, uma tarefa relegada à história contar, louvar e despertar a veneração aos espíritos que usaram a real força da vida – o amor. Outros povos, séculos depois, os reverenciam como mártires e heróis.

Naira vivia desde os dez anos usufruindo o luxo e o conforto dos palácios reservados às virgens consagradas ao sol, isso não causava constrangimento.

O povo tinha onde dormir à noite, ninguém adormecia com fome nem era jogado doente ao relento, crianças e velhos tinham valor e família. A idade útil não se resumia a um curto período da existência em que quase tudo devesse ser sacrificado em prol da construção material, ao contrário, todos eram úteis conforme as suas forças o permitissem.

Perto de completar os 22 solstícios de inverno e tendo vivido mais da metade de sua curta existência dedicada à adoração dos deuses e ao trabalho pelo próximo, Naira sentia-se feliz e convicta de contribuir para o bem-estar de muitos.

Estar submetida a um regime que a obrigava a manter-se sozinha quando a maioria das jovens de sua idade estava escolhendo parceiros e formando novos lares, não a perturbava. Vivia cercada por suas companheiras e tinha também a companhia de entidades espirituais, que, por meio de suas múltiplas faculdades sensitivas, compartilhavam seus dias.

A amorosa avó a acompanhava desde a infância. Sariri[12], ciente de que seu povo passaria por grandes transformações, renunciara à liberdade de retornar para junto de antigos afetos e permaneceu dando sua contribuição de carinho e amparo. Parteira na matéria,

[12] "O que continua" - nm.

ajudara muitas mulheres a dar à luz; parteira espiritual, aprendera a arte de educar, extraindo das almas a compreensão das leis da vida. Era uma grande orientadora da neta.

A noite e seus mistérios fascinam o homem. No reino das sombras, ele divisa existir mistérios, mas onde estão eles? Por que o medo dos espíritos, à noite? Nada há sob o manto da noite que não seja visível à luz do dia, portanto tudo é conhecido e o que ocorre sob as estrelas se dá também à luz do dia. No entanto, é no reino sutil da ligação do mundo espiritual com o plano físico, através da emancipação dos espíritos encarnados durante o sono – quando se desvenda a realidade de um mundo sem separações –, que está a origem desses medos e mistérios. Medos que carregamos arquivados em nós e que a matéria amortece, mistérios de nosso passado milenar de viajantes de mundos e estrelas.

Foi sem surpresa que, ao adentrar seus aposentos, Naira divisou, sentada em seu leito, a figura sorridente de Sariri, cujas feições eram bastante parecidas com as suas, apenas acrescidas da beleza da experiência, manifestada em algumas poucas rugas em torno dos olhos e nos parcos fios de cabelos brancos nas longas tranças.

– Paya[13], como é bom encontrá-la. Veio também me tranqüilizar sobre as visões? – indagou Naira mentalmente.

– Não. Confio que sua sabedoria e fé sejam suficientes para tanto. Vim dizer-lhe que agiu bem e salientar que sempre devemos contribuir para a paz. Naira, não importa o que nos seja feito, seja a nossa a conduta do pacífico, do manso. A natureza destrói, sem piedade, os seres que se opõem às suas forças quando em fúria, mas preserva os dóceis, os mansos, aqueles que sabem se curvar e se erguer conforme as necessidades do momento. A sabedoria não está em termos apenas uma atitude na vida, mas em sermos coerentes com nossos valores em cada momento da vida e adotarmos atitudes conformes com as necessidades expressas no tempo. Há situa-

[13] "Avó" - nm.

ções em que abrir mão de nossas opiniões é prudente e necessário, principalmente quando elas apontam a convergência a um bem comum e maior ou nos mostram que realmente estamos enganados em nosso pensar; mas ceder sempre e sem critérios anula nossa personalidade e nos conduz a uma sensação de inferioridade e impotência. A rigidez é sacrificada na natureza, e pessoas rígidas sacrificam a própria felicidade e a paz.

– Por que me diz tais coisas, Sariri?

– Para que você as entenda e vivencie, depois para que as ensine. Minhas mãos ampararam muitos recém-nascidos; meu pensamento, através das suas palavras, quer prosseguir amparando seres mais jovens do que eu, por isso estamos juntas.

– Apesar da mensagem, das visões, das palavras do amauta, confesso-lhe que meu coração custa a aquietar-se diante das possibilidades que vi em nosso futuro. E a preocupação dos nossos ancestrais e dos deuses me aflige, porque me diz ser verdadeira a ameaça que paira sobre nossas cabeças.

– Mais importância ganha o trabalho de orientar nossos jovens companheiros dos caminhos da terra. Naira, essa é a tarefa que você está chamada a colaborar; fale sempre que possível da paz, da docilidade, da prudência, alerte os espíritos rígidos. Amenize a dor. Ajude a disseminar a compreensão dos ensinamentos de Wanka.

Sorrindo, a gentil Sariri apagou-se qual estrela matutina ante os primeiros raios de Inty, deixando a neta envolta em carinhosa vibração e nos odores das matas que exalava.

Naira ambientou-se rapidamente à cidade sagrada; a união do povo e a comunhão de crenças e hábitos faziam com que, naturalmente, as pessoas circulassem por aquele vasto império com familiaridade.

O velho pico e sua beleza extraordinária, cercado de montanhas de variadas cores, batido pelo brilho do sol em um ponto elevado, contribuía para a atmosfera mística, acrescida grandemente pela fé de seus habitantes, que fizeram dela um altar de reverência máxima a suas crenças e a construíram para ser o refúgio nos dias difíceis, que seus líderes sempre souberam que iriam enfrentar.

Dominou com facilidade o mapeamento da cidade e fez amigos entre as crianças e mulheres.

As lhameiras eram seu encanto – adorava vê-las cantar e dançar cercadas pela natureza pura, de cores tão brilhantes, definidas e fortes, agitando suas vestes coloridas e reluzindo os medalhões que carregavam no peito.

Sentada sobre o último degrau da área de cultivo, Naira deleitava-se observando-as numa tarde ensolarada, véspera do Inty Raymi. Cabelos ao vento, a longa túnica de cor amarela suave tecida em lã, ela se integrava com perfeição ao local, tanto que se sobressaltou ao ouvir o ruído de alguém sentando a seu lado.

– Mestre Wanka! – reconheceu ela, recebendo-o com um sorriso de boas-vindas.

– Naira, descobriste a beleza deste local à tarde. Venho sempre que posso, contemplar as montanhas e zelar pelas meninas, o canto delas me embala a alma.

– Das lhameiras?! – surpreendeu-se a accla. – Causam-me um efeito profundo. É tão lindo observá-las alegres, coradas, risonhas, interagindo com os animais e as plantas; é um cenário da harmonia da criação, reflexo da sabedoria de Viracocha.

– Concordo com você. Gostaria de reter para sempre em meus olhos essas cenas, guardar as sensações que experimento; algo dentro de mim fala que serão preciosas para o meu futuro.

– Está preocupado, mestre, com os avisos que vêm se sucedendo para o nosso povo?

Wanka fez um gesto de ligeira estranheza; depois, passou a mão na testa afastando os cabelos e prendendo uma mecha atrás da orelha e retrucou:

– Não, Naira. Falava de necessidades pessoais. Aprender a harmonizar-se com a vida é uma trajetória longa, muito longa. Os homens ainda não a compreendem. Alguns abusam da natureza até exauri-la, esgotam as fontes. Outros destroem os locais onde habitam e quando estes se tornam imprestáveis mudam-se, marcando cada vez mais a terra mãe com suas mãos, ainda desastradas. Não se preocupam nem um pouco com as condições de vida que seus descendentes encontrarão. É um reflexo da desarmonia que carregam dentro de si, são tomados por tantos sentimentos contraditórios, meditam tão pouco, estão... apegados a pensar apenas no que está diante de seus olhos, a cogitar no que sente o corpo, conhecem-no superficialmente, a ponto de serem governados e não governadores dos instintos, vivem em função de um ser que morre. – Wanka calou-se e, desejando averiguar as reações de Naira a suas palavras, firmou o olhar no rosto da jovem, que, calma e interessada, o ouvia atenta. – Isso soa como algo digno de bestas, sem o dom de pensar, julgar e escolher, não é mesmo?

– Minha avó ensinava que, conforme crescemos, mudam as nossas necessidades e a compreensão que temos dos fatos. Quando criança, não conseguia compreender a existência de Viracocha, não via nenhum templo, nada que o materializasse ante meus olhos, simplesmente não compreendia, não conseguia pensar. Ela me colocava sobre seus joelhos, me apontava muitas coisas e me dizia que eram criações Dele; então, me falava de Inty e eu sentia o calor na minha pele, via a luz, notava a ação direta do sol sobre a natureza e isso eu compreendia e aceitava. Depois eu cresci, aos dez anos fui escolhida para viver entre as acclas e, desde então, visito minha família uma vez a cada estação, mas as lembranças do que me ensinou minha avó estão sempre comigo e acredito que agora as compreenda.

Wanka tomou a pequena mão de Naira entre as suas e contemplou-lhe a palma. A expressão de seu rosto dizia que sua mente distanciara-se daquele momento e local.

– Mestre? – chamou Naira. – Acha que disse bobagens?

– Não, querida. Muito longe disso, suas palavras apenas reacenderam os sentimentos que guardo em meu peito, nada mais. Concordo com seu pensamento. Eles ainda são crianças, apesar dos corpos adultos e até envelhecidos de alguns. São almas jovens, e eu sei que sou velho, que já vivi muito e rolei pelas estrelas como essas lhameiras brincam nas encostas das montanhas. Meus olhos já contemplaram muitas, muitas coisas, até aprender a olhar para dentro de mim mesmo. Sei que eles precisam seguir um longo caminho. Mesmo que queira, não posso apressá-los; o Criador me oportuniza apenas auxiliar para que a trajetória deles seja mais curta, para que sigam sem tantos percalços e desvios, mas estou obrigado a respeitar a natureza e ela me aponta a incapacidade da maioria deles de compreenderem o que penso e sinto e do que desejaria lhes ensinar. Então, eu semeio e falo tal qual a sua avó, de uma forma que eles possam ver e sentir para acreditar.

– Você demonstra uma tristeza profunda. Seu olhar é triste, mestre. Por quê?

– A noite está se aproximando, Naira. Vê lá longe os contornos da lua?

– Sim, é minguante e o sol se recolhe cedo.

– Daqui a algumas horas o céu vai estar coberto de estrelas, lindo. Todas as noites eu saio e me deito alguns momentos a contemplá-lo, algo me atrai no brilho das estrelas; é como se as conhecesse, é um sentimento parecido com o que temos quando voltamos à nossa cidade e vemos suas casas, suas praças, os caminhos que nos levam até ela. Às vezes, eu adormeço e sonho, vejo lugares diferentes e falo com pessoas que nunca vi nesta vida, mas que sei são meus amigos muito próximos; quando acordo, sinto-me renovado e a tristeza passa por uns dias. Quando era ainda um menino, eu ficava muito triste; depois passou e comecei a fazer alguns desses objetos diferentes que eu via e a falar de muitas coisas que aprendi nesses sonhos. Foi assim que o velho amauta Kuchikuchi[14] me encontrou e me levou para junto dele. Parece que temos histórias comuns. Entendi que sinto falta de um mundo distante.

– De onde você é, mestre Wanka?

[14] "Diligente" - nm.

– Nasci e cresci em Cuzco. Mestre Kuchikuchi foi um dos idealizadores da cidade sagrada. Dedicou boa parte de sua vida a esse sonho. Foi com ele que vim para cá e aprendi muitas coisas a seu lado. Há muitas luas ele partiu e, desde então, sou eu o mestre. Essa é a história desta existência, mas eu – a essência que não morre – sou filho de outra estrela, Naira, bem mais velho do que as jovens almas que vivem aqui. Quando meu olhar se entristece é porque sinto falta dessas coisas que não tenho, é porque minha alma anseia voltar para casa, para junto daqueles que convivem comigo apenas em sonhos. Mas o trabalho me retém aqui. E eu amo essas almas crianças que o Criador me confiou, apesar de todos os meus desacertos passados; não é outra a razão de vir me sentar aqui ao fim da tarde para ver a alegria das lhameiras e contemplar a beleza ímpar dessas montanhas. Ah! Como quisera que elas desfrutassem para sempre do tipo de vida que hoje levam! Que bênção do Criador, se assim fosse! – Algo na entonação de voz, um toque de melancólica esperança, chamou a atenção de Naira.

– Ainda que negue, suas palavras revelam o temor que carrega de que algo desgrace nosso povo. Você teme os avisos e as visões que temos recebido.

– Não, Naira. Eu não temo. Essas visões e avisos nos acompanham há muito tempo. Kuchikuchi e os outros do tempo dele já tinham conhecimento dessas profecias. A cidade sobre o velho pico é um expediente de defesa, seu caminho é conhecido por poucos, que saberão, quando chegar a hora de se refugiarem, para onde vir. Eu não temo, apenas aguardo. Aguardo que o tempo marque o cumprimento delas e que depois de tudo se avalie nossa estada aqui, apenas isso.

– Sariri também me falava desse modo. Desde criança vejo o futuro e foi ela quem me ajudou a entender a vontade de Viracocha; parecia saber que eu não ficaria entre as meninas da aldeia.

– Sariri era sua avó – constatou Wanka, soltando a mão de Naira. – Ela já partiu, não é mesmo?

– É. Você sentiu a presença dela?

– É uma grande mestra, sua avó. Uma ave semiliberta – falou Wanka, com o olhar perdido no negro aveludado dos olhos de Naira. – Que coisa poderosa é o amor, Naira! Ele consegue ser mais forte que qualquer outro sentimento, e por ele fazemos coisas que seriam aparentemente contrárias à razão, mas ele é, na verdade, a razão mais profunda de tudo que existe.

– Por que fala disso agora, mestre?

– Por Sariri. Eu, no lugar dela, talvez não me retivesse por essas paragens. Ela, por amor aos que estão aqui, mesmo sabendo do porvir, ainda espera e trabalha. Afogou todos os seus anseios em nome de algo maior. Isso é amor!

Entretidos na conversa, Wanka e Naira não se aperceberam de que as lhameiras subiam as encostas da montanha guiando seus rebanhos, e suas vozes juvenis se perdiam na brisa do final da tarde. Somente quando surgiram as estrelas e a temperatura caiu vertiginosamente, fazendo-os sentir frio, foi que notaram a passagem das horas e resolveram retornar ao abrigo dos lares.

A partir daquele dia, um novo hábito se estabeleceu na vida deles: as longas conversas ao cair da tarde nas zonas pastoris do velho pico.

CAPÍTULO II

A DESPEDIDA

"(...) Um bom espírito pode, também, para ajudar-lhes o progresso, escolher uma existência influente entre esses povos, e então é uma missão."

(Allan Kardec. *O Livro dos Espíritos*, q.273.)

No centro da praça, em frente ao templo de Inty, Atipaj conduzia as cerimônias do Inty Raymi, passando às mãos do Inca o grande bracelete de ouro no qual estava desenhada a representação do sol; juntos e seguidos pelos demais sacerdotes, fizeram a evocação a Inty, dizendo:

– Oh, poderoso Inty, deus universal, que com sua luz e virtude sustenta todas as coisas da terra, agradecemos pelas colheitas desse ano e imploramos que teus raios fecundem a terra e promovam o bem-estar dos filhos do grande império Tahuantinsuyo.

Enquanto falava, o Inca ergueu o braço adornado com o bracelete, colocando-o em linha com os raios solares e fazendo resplandecer o brilho do metal; vagarosamente, usando o adorno sagrado à guisa de um espelho, fez incidir os raios solares, por reflexão, sobre uma pira de algodão que, passados alguns minutos, acendeu-se em chama rutilante – o fogo sagrado que seria preservado pelas acclas do sol até o próximo solstício de inverno.

O fenômeno despertou a multidão, trajada festivamente, alguns usando fantasias de animais andinos, que se aglomerava silenciosa e respeitosamente, e naquele momento passou a entoar seu canto de adoração a Deus, entendendo naquela estranha ocorrência que sua compreensão não divisava as causas, o incrível poder do deus e a manifestação de sua presença e seu amparo entre eles.

Naira acompanhava a celebração com as demais acclas, em trajes cerimoniais, as túnicas longas, os cabelos soltos, uma tiara adornando a testa, lindas jóias cobrindo-lhes os braços, o colo e as orelhas, brilhando sob a luz suave do sol invernal; seu rosto rivalizava com o brilho dos adereços, toda ela era uma entrega absoluta à fé que reverenciava e, principalmente, ao seu povo.

Iniciada em mistérios maiores, ela lembrava os ensinamentos recebidos de Sariri quando ainda era menina, e compreendia que para os espíritos ali reunidos serem capazes de viver em paz, construir uma sociedade próspera e viver isentos do domínio das grandes paixões da alma humana, aquela era uma experiência que os marcaria para sempre.

A compreensão profunda dos mistérios da vida eles divisariam com o tempo, conforme fossem amadurecendo seu intelecto. Naqueles dias, o importante era a semeadura da fé em uma proteção superior presente e atuante nas suas vidas e, seguras noções de justiça e equilíbrio social.

Vagando o olhar pela multidão, ela inconscientemente buscava a cabeça altiva e o olhar firme de Wanka, e o encontrou à frente dos alunos da Yachahuausi, soberbo em sua túnica branca singela, a inseparável tiara de prata, os cabelos movendo-se em torno do rosto, ao sabor da leve brisa.

Ele era uma figura que exalava paz e tranqüilidade; por um momento, em meio à multidão, seu olhar se encontrou com o de Naira e o brilho de um doce sorriso iluminou a ambos.

Aquele momento fugidio foi suficiente para que a percepção da accla notasse que a mente de Wanka vibrava em uma faixa de pensamento muito distante da cerimônia de adoração ao sol.

Sua mente também se perdeu do universo festivo, imaginando o que o sábio estaria confabulando consigo mesmo.

Sem que ela percebesse, dia a dia o pensamento de Wanka penetrava mais em sua mente e em sua alma sedenta de conhecimentos.

O relacionamento crescia independentemente de sua vontade. Os finais de tarde nos degraus do velho pico, ao som do canto dolente das lhameiras, as conversações profundas que lhe tocavam o imo, marcavam seus sentimentos e faziam a lembrança de Wanka imiscuir se em mil afazeres que compunham a sua rotina diária.

Pequenas coisas a faziam recordar a doçura e a firmeza do sábio, coisas maiores lhe traziam à memória suas palavras.

Enquanto o Inca e Atipaj continuavam a celebraçao, Naira recordava a chegada da comitiva real à cidade. Uma enorme euforia tomara conta do povo. Serpenteando, a distância, pela trilha dos sacerdotes, subindo e descendo picos íngremes, vislumbrava-se as coloridas vestimentas do grupo que acompanhava o Inca. Reverentes, todos se postaram, ordenadamente, ao lado da Porta do sol, por onde ingressariam os visitantes.

À frente vinha o Inca Huáscar, tendo a seu lado a Coya Lawra[1] – esposa e irmã do chefe da nação Inca. Logo atrás vinham os irmãos e membros mais próximos da realeza, depois as acclas, que serviam ao estado, alguns sacerdotes e chefes do exército.

A chegada à cidade deixara muito claro que algo não andava bem no centro do poder; um olhar acurado como o de Wanka facilmente percebia laivos de ira e uma revolta, fruto da inveja, bastante latente no irmão do Inca. O jovem governante assumira o cargo máximo há pouco tempo, após a morte do pai e do irmão mais velho, ambos vitimados por varíola, marcado pela dor da perda.

Verdade é que não há preparo suficiente a quem falta o dom natural de governar.

Huáscar, para sua desgraça, não o tinha. Era ingênuo, crédulo em demasia, e de pensamento pouco profundo. Em vão recebera lições e formação dos melhores pensadores do Império, não fora capaz de penetrar nos ensinos profundos dos símbolos e lendas que lhe eram repassados, limitando-se a reproduzi-los, sem compreender.

Era bom, sem que isso importasse em reconhecer no seu caráter a presença da bondade que não confabula com tudo, que não teme ser severa, que até sofre em negar-se, mas o faz por saber que disso advirá um amadurecimento e um bem ainda maior.

Huáscar era apenas bom, alguém que queria estar bem com todos; não gostava de atritos e delegava facilmente poderes.

A esposa exercia sobre ele alguma influência e, além dela, a accla que tomara como segunda esposa, Wayna[2]; poderia-se afirmar que elas disputavam a inglória luta dos opostos.

O olhar perceptivo de Wanka rapidamente diagnosticava as difíceis relações entre eles, e seu pensamento voltava aos freqüentes contatos com seus irmãos que já haviam partido e, do plano espiritual, amparavam a marcha daquele povo aguardando os amigos que ainda se detinham sobre a Terra.

---

[1] "Fervor" - nm.

[2] "Jovem" - nm.

Lembrava o velho mestre Kuchikuchi e seus olhos quase redondos, o rosto magro, o corpo franzino, mas a alma de uma têmpera e elevação que ele não esqueceria jamais.

"Dia chegará, Wanka, que você verá nossos grandes líderes substituídos. Libertos dos últimos grilhões que os prendiam a este mundo, eles partirão, felizes – profetizava o velho mestre. – Atrás de si, um rastro de história e mistério assinalará seus passos sobre este planeta e ficará para sempre uma história de progresso e crescimento, onde a ambição não era conhecida. As almas jovens que se concentram em nossas mãos são nossa missão; conduzi-las e deixar-lhes a experiência de uma sociedade futura, para que viva em suas mentes como anseio possível e aspiração legítima é a nossa tarefa. Não se desvie dessa rota, meu aprendiz. Dia virá que o comando será deles e nós partiremos. Não se aflija com o que eles venham a realizar, cada um traça seu caminho no universo, vive na sombra ou na luz como ensinamos nas lendas que lhes contamos. Só nos cabe apontar o caminho da luz e seguir em direção a ele. Lembre que estamos aqui experimentando a nós mesmos, verificando se o nosso aprendizado pessoal é seguro, se superamos definitivamente os gigantes internos que nos derrotaram e nos separaram dos nossos, nos fazendo exilados. Ensina, Wanka, o mais que puderes aos nossos tutelados, para que eles não caiam nas mãos dos gigantes que também conhecemos – eles estão pelos quatro cantos do mundo, um dia chegarão aqui. Dar a eles os meios de lutarem e optarem pelo reino da luz é a nossa tarefa. Não se iluda, meu aprendiz, seus olhos enxergarão esses tempos; aí, então, eu não estarei mais a seu lado, neste corpo, mas, confio, estarei junto aos nossos, velando e aguardando por ti e pelos outros. Seremos a luz das estrelas a iluminarem teu andar pela noite deste planeta. Fica atento, Wanka."

Voltando a observar o transcorrer da cerimônia e os olhares trocados entre Wayna e o irmão de Huáscar, mestre Wanka meditava.

"Nos olhos deles vejo a sombra dos gigantes. Eu os conheço, já senti seu poder sobre meu espírito, sei identificá-los. Ah! Grande

Criador do Universo e dos mundos, ajuda-me, que eu não fuja, mas que cresçam em mim os gigantes da luz."

O povo silenciou ao notar o braço erguido de Atipaj parado em frente ao altar.

– Reverenciemos a presença de nosso deus sol – pedia o sacerdote, unindo as mãos cruzadas sobre o peito e postando-se em frente à chama, atitude imitada por todos, à exceção do próprio Inca, tido como escolhido e enviado direto dos deuses para representá-los na Terra.

Após alguns minutos, Atipaj se ergueu e foi até o séquito de acclas do sol. Apontando Naira, determinou:

– És a accla escolhida para nos lembrares a criação.

Naira sabia previamente que a escolha recairia sobre sua pessoa, por isso recebeu com naturalidade a incumbência muitas vezes executada nas cerimônias de Cuzco; com passos seguros e olhar sereno acompanhou o sacerdote ao centro do altar, elevou o rosto e os braços ao alto, baixando-os lentamente até apontarem o povo reunido e, com voz firme e meiga, pôs-se a recitar:

– Viracocha, mestre do mundo, pai do sol e da lua, surgido das águas e criador de todas as coisas, andava pelas planícies e pampas desertos e, sentindo um vazio em sua criação, decidiu povoá-la. Primeiro criou o mundo povoado de gigantes, que viviam sem luz, sem sol e sem estrelas, na total escuridão; passado algum tempo, percebendo que os gigantes que criara eram maiores do que ele e viviam em lutas e guerras, decidiu que aquela não era uma boa geração e resolveu que lhes daria outra forma, fazendo-os iguais a si próprio. Assim o grande Viracocha criou a nós, os homens, seguindo suas próprias medidas, e ordenou-lhes que vivessem em paz, ordem e respeito e um contribuísse para o crescimento e engrandecimento do outro. Entretanto, os homens se renderam às trevas que os cercavam, deram-se à vida ruim, aos excessos e chamaram a si a ira de Viracocha, que os maldisse, transformando-os, então, em pedras ou animais e dispersando-os por seu vasto reino.

Alguns caíram enterrados na terra, outros foram absorvidos pelas águas; finalmente, matou a todos numa grande inundação, da qual somente três sobreviveram e retornaram ao grande Deus com o propósito de ajudá-lo em sua nova criação. Assim, quando passou o dilúvio, o "mestre do mundo" os chamou, entregando-lhes uma terra nova, onde ordenou que o sol e a lua brilhassem iluminando o novo caminho da humanidade. E assim, a lua e as estrelas ocuparam seus lugares no céu, e Inty, o "grande servo de Viracocha", passou a exercer a soberania no plano divino sobre a Terra, do mesmo modo que o "Filho de Inty" – nosso imperador – reina sobre os homens, com a missão de conduzi-los a uma vida de paz, respeito, honra e crescimento.

Um minuto de silêncio se seguiu ao término da lembrança da lenda da criação segundo a crença solar Inca; para a maioria dos espíritos ali reunidos, ela simplesmente mostrava o poder divino, a filiação espiritual e a necessidade de respeitar orientações e desenvolver valores morais e sociais que lhes garantissem a paz da relação com o Ser Supremo e a imortalidade.

Para Wanka e alguns outros, aquela lenda tinha um significado bem maior: era o resumo de uma trajetória de vida percorrida e fracassada, de um arrependimento amargo e de uma busca de retorno à harmonia que rege as relações da vida, na oportunidade de trabalho em uma Terra nova, desbravar uma natureza ainda selvagem, despertar as inteligências quase primitivas e abrir caminhos ao progresso.

Esses não viam a ira divina. Conheciam as leis naturais e universais, cientes de que suas ações haviam gerado reações e que a sempre lembrada destruição natural apontava o caminho do respeito às leis da criação física; descobri-las, estudá-las, agir no avanço da ciência em conformidade com os princípios desvendados era um caminho que agora sabiam seguro; usá-las, buscando manipulá-las, atendendo ao desejo vaidoso de ser um "deus" e cultuar o domínio da matéria, causava a reação natural de destruição, pois atendiam a interesses menores, à ambição, ao poder, e serviam à dominação de uma minoria sobre uma maioria.

Compreendiam a capacidade ilimitada do perdão divino e o incondicional amor às Suas criaturas, renovando-lhes o caminho de crescimento, apontando o trabalho como fator de superação e a crença de que nesta tarefa não estariam sozinhos, mas amparados, guiados e protegidos por um espírito superior a eles, soberano espiritual sobre a Terra, compartilhando a tarefa de ensinar o amor às sociedades que habitavam aquela morada.

O preço daquele exílio era alto e marcava profundamente o espírito de Wanka, ao ouvir a voz terna de Naira, que, inocente, recitava a "lenda"; algumas lágrimas rolaram por seu rosto e o brilho de uma saudade constante e dolorida, misturado a um sentimento de intensa gratidão, se refletia em seu olhar. Por sua mente vagavam lugares distantes que conhecera em outras encarnações sobre a Terra, rostos de companheiros que regressaram a seu velho mundo, a lembrança dos ensinos que acumulava agora consigo, a experiência das quedas e da luta que ainda travava para superar a sombra dos gigantes internos.

Mais uma vez fixou o olhar na beleza do rosto de Naira e uma luz de esperança misturou-se àquele emaranhado de emoções que vivia. Sorriu para ela, que, ainda sobre o altar, aguardava o prosseguimento da cerimônia, e percebeu a alegria iluminar o sereno rosto da accla, em resposta aos sentimentos que lhe transmitira.

Quebrando a magia do momento, Atipaj e o Inca Huáscar se aproximaram do altar para onde era conduzida uma lhama pelo irmão do Inca, para ser oferecida em sacrifício aos deuses.

Parados frente a frente, tendo a separá-los um grande bloco de pedra que servia de altar de sacrifício de animais, os dois irmãos se postavam ante o povo da cidade sagrada que os adorava, confiante que descendiam de uma raça superior, divina.

Wanka, com seu raio de visão invadido pelos irmãos, não pôde deixar de contemplá-los, reconhecendo seus caracteres marcados pelos lados sombrios da experiência humana.

"Como dói ver os gigantes que habitam as sombras nesses

irmãos, meu Criador. Nos olhos de Manco Yupanki, os inconfundíveis contornos da inveja, da ambição; na sua conduta, aparentemente modesta e submissa, a sombra do medo e da ira refletida na conduta hipócrita. Tudo faz para captar e parecer digno da confiança de Huáscar, entretanto o odeia, por ser o Inca e não ele. Que angústia vive esse infeliz! Adoraria torcer o pescoço do irmão com as próprias mãos, mas, como todo medroso, é covarde e se presta a uma vida de hipocrisia, que o escraviza e o faz vir à praça pública adorá-lo", pensava Wanka. "Huáscar, um tímido e por isso alguém dominado pelo medo do fracasso, tanto quanto seu irmão um ambicioso, embora de forma diferente, teme expor-se ao fracasso e descobrir que não é tão infalível quanto intimamente se julga, é um egoísta que tem a pretensão de ser infalível e se esconde da verdade. Além de baldo de inteligência, é fanático. Que tristes sucessores para o grande Huyna Cápac[3]!", constatava o mestre em sua divagação mental. Prosseguiu observando-os e pensando: "Essas forças poderosas que dominam uma alma são temíveis. Quanto menos confessadas, tanto mais devastadoras suas ações, arrastando a criatura a despenhadeiros de dor, fazendo o homem viver nas trevas e distantes das suas luzes. Mas são os caminhos da evolução, as turbulências e transformações que nos fazem aprender a reconhecê-las, usá-las e, acima de tudo, dominá-las no curso da vida, em nossas diversas existências. O mesmo medo que nos faz conservar a vida física ante os perigos dos mundos primitivos e das fases de ignorância, se não devidamente sitiado, se tornará no gigante que se mascarará de mil formas para dominar nosso universo emocional, que se esconderá em características de comportamento e conduta onde poucos olhos lhe reconhecem os contornos de gigante feroz."

A cerimônia prosseguia; sacrificada a lhama, suas vísceras eram infladas para que os sacerdotes lessem o futuro. Atipaj e outros se

[3] Foi imperador do Tahuantinsuyo de 1493 até sua morte, em uma epidemia de varíola, em 1527. Com ele, o império Inca alcançou sua maior extensão geográfica, apesar de uma série de rebeliões, sufocadas com dificuldade, que irrompeu em seu governo - nm.

acercaram das vísceras do animal, acompanhados a distância pelo olhar atento de Wanka.

O sacerdote empalideceu quase mortalmente e seu corpo oscilou, forçando-o a espaçar as pernas para recobrar o equilíbrio; seu olhar vagueou em busca da chama sagrada depositada nas mãos de Naira e a mensagem em seu olhar era de medo e dúvida. Parecia buscar na serenidade e segurança da accla a resposta se devia ou não falar ao povo do que vira.

– Diga ao povo, Atipaj, o que nos revela o futuro – ordenou o Inca Huáscar, pondo fim ao dilema do sacerdote, mas não lhe fornecendo a necessária coragem para vencer as garras paralisantes que a visão lançara sobre seus sentidos; aumentando seu desespero, ouviu a insistência do líder, advertindo-o: – Fale, Atipaj, o povo espera.

Com soberano esforço, o sacerdote ergueu as mãos sujas das vísceras do animal em direção ao sol, olhou o azul do firmamento e os picos nevados da cordilheira, fartou-se do verde exuberante das matas e, enchendo os pulmões de ar, preparou-se para falar:

– Os deuses hoje nos falam da vida e da morte, do começo e do fim. As transformações por que tudo na natureza passa e a necessidade que temos de aprender a viver essa verdade. Temos habitado essas montanhas há muito tempo e nelas lançado as marcas de nosso conhecimento e da nossa existência. Antes de nós outros as habitavam e depois de nós, com certeza, outro povo haverá de usufruir as belezas que Viracocha achou por bem semear neste lugar. Estejamos preparados. Que na hora designada pelos deuses saibamos agir em busca da paz, do respeito e da conservação do progresso. Há sangue em minhas mãos e ante meus olhos. Vi lutas entre irmãos e entre estranhos. Vi nossa paz ameaçada. – Um ruído nervoso se fez ouvir entre a multidão e, depois, um silêncio pesado como uma nuvem negra em céu de verão caiu sobre os assistentes. – Lembrem os ensinos de nossos antepassados e amem a paz. Estendamos as mãos à concórdia e abramos caminhos aos que desejam se aproximar, para que venham como amigos. Não atraiam a "ira" de Viracocha; ao contrário, preparem-se para agradá-lo, apaziguá-lo o mais que puderem. Há sangue, morte, traição e dor nas vísceras da lhama. Os deuses nos advertem de um futuro que espero distante. Saibamos contribuir para amenizá-lo ao máximo.

Huáscar assustou-se com as palavras do sacerdote; por sua mente passou a figura rebelde de seu outro meio-irmão Athaualpa. Desde a morte do pai e do irmão Ninan[4], não o enxergara em nenhuma das vilas e localidades visitadas; recordou a revolta no olhar dele quando fora nomeado o Inca, mas fora como devia ser, ele era o único filho legítimo de Huyna Cápac, descendente direto dos deuses – filho do Inca e da Coya, a rainha, esposa e irmã.

Athaualpa não tinha direitos a pleitear.

"Será que Inty está me advertindo sobre Athaualpa? Conseguirá ele cumprir as tantas ameaças que fez no forte de Cuzco e em nosso palácio? – pensava o Inca, contemplando o povo pacífico, ordeiro, religioso e trabalhador que enchia a praça para o Inty Raymi. – Não. Com toda segurança, sei que o que ele deseja é a fama de comandante, de macho a liderar o rebanho. É a vaidade e não o amor ao Tahuantinsuyo ou o dever que o movem. Ele é um bom chefe guerreiro, tem liderança. Ah! Que dias horríveis foram aqueles em que primeiro morreu meu pai, logo depois Ninan – o escolhido, por isso estou aqui e agora devo conduzir o povo. Não falo mais com qualquer um e minhas noites são povoadas de terror, pesadelos me torturam e cobranças pesam sobre minha cabeça. E agora... profecias de desgraça."

Wanka percebia na rápida mudança da expressão facial de Huáscar os temores que ele abrigava na alma, a insegurança, e pedia a Viracocha que o protegesse e ao povo que tanto amava.

"Sei, Supremo Criador, que Tuas leis hão de se cumprir e elas são para o melhor, porém imploro Tua misericórdia para esse

[4] Era o herdeiro legítimo do império Inca, mas morreu alguns dias após Huyna Cápac, pela mesma doença, antes de poder assumir seu reinado - nm.

povo, essa legião de almas jovens; que o aprendizado seja rápido em seus espíritos e, assim, a dor não encontre morada no pico dessas montanhas."

A cerimônia prosseguiu até o final. Cumprindo a orientação de Wanka, recebida na manhã após seus primeiros sonhos e do encontro com Naira, Atipaj falara novamente, exortando-lhes a fé e a benevolência, recordando velhas lendas que falavam no retorno dos deuses a habitarem entre eles.

A maioria da população não compreendeu a gravidade da hora, nem acolheu na plenitude da compreensão as visões de Atipaj; imediatistas, aguardavam e ansiavam pelas festas que se prolongariam pela noite; por ora, tudo estava bem e era o que importava.

Naira abandonara a praça com suas companheiras e seguira cabisbaixa e silenciosa até a casa que as abrigava. Ao afastar-se do local da cerimônia, cruzara em frente ao altar e vira o medo transmudar-se em pânico no olhar do jovem sacerdote, que, atônito, contemplava o Inca e seu meio-irmão à sua frente. Aquele olhar ficou registrado na mente de Naira e confirmou o que ela pressentira ao conhecê-lo: o jovem e importante sacerdote do império não tinha calma nem confiança para lidar com a delicada situação que ela também vira.

Enquanto caminhava, a accla pensava em quem mais poderia ter consciência da gravidade do momento. Ciência todos tinham, mas a assimilação profunda, o entendimento real, ela não reconhecera nem mesmo na figura de Huáscar; ao contrário, parecia que a informação revelada nas vísceras da lhama o perturbara profundamente.

Mais alguns dias se passaram até que a comitiva real decidisse retornar a Cuzco.

Aquele fora um ano diferente; o novo Inca, desejoso de afastar-se da capital do império para descansar, deliberara comemorar o Inty Raymi na cidade sagrada.

Na tarde da véspera da partida, Atipaj adentrou o templo de Inty, reverenciando-o; depois, enquanto meditava, ficou a observar a imagem de Mama Quilla[5], localizada frente a frente com o próprio Inty.

Ao ouvir o ruído sutil e ligeiro de passos sobre as pedras, Atipaj desviou o olhar da imagem da Mama e deparando-se com a pequena e delicada figura de Naira, sorriu, estendendo-lhe a mão.

– Venha, Naira – convidou, ao notar que a moça estancara o passo para não perturbá-lo. – Estava apenas pensando. Adoro estar neste templo, é tão tranqüilo, me dá uma paz tão grande que sinto vontade de passar o dia todo entre essas paredes e não ver o movimento lá fora.

Desde menina, Naira fora treinada por Sariri a exercitar a arte de ouvir e, mais uma vez em sua vida, lembrou-se da bondosa avó.

"Esforce-se, Naira, para ver e ouvir além das imagens e das palavras" – ensinara-lhe Sariri. "Preste atenção. Confie na sua intuição mais profunda e não se deixe iludir pelos sentidos usuais. Eles captam apenas o mais grosseiro. Preste atenção e aprenderá a conhecer o interior, as profundezas da alma, lá onde habitam os gigantes."

– É mesmo. A paz aqui é quase tão material quanto as pedras da construção – concordou a accla, aproximando-se. – Mas suas palavras me dizem que ainda não encontrou a calma. Terá sido em vão meu esforço?

– Não, Naira. Seu esforço foi válido. Estou sereno e pronto a enfrentar o que for necessário.

– É mesmo? – indagou Naira com ar de incredulidade.

– É nosso dever.

– O conhecimento do dever não é suficiente para dar a coragem de cumpri-lo.

Atipaj fechou a expressão ao ouvir as palavras de Naira, considerando se, por simpatizar com a moça, não lhe dera excessiva ousadia; em tom de censura, advertiu-a:

---

[5] Segundo a religião solar professada pelo povo Inca, era a mãe lua, esposa e irmã de Inty, mãe do firmamento, adorada por uma seita de sacerdotisas que se localizava principalmente na costa peruana – nota do autor espiritual.

– Não deveria se dirigir a um sacerdote do império de Inty nesses termos.

– Conheço sua autoridade, Atipaj, e não tive a intenção de ofendê-lo. Apenas expressei minha compreensão de suas palavras.

– Compreensão de que palavras? Não a entendo.

– Você disse que gostaria de ficar aqui e não mais presenciar o movimento do que ocorre fora deste templo. Isso foi o que ouvi. Lendo em seus olhos e escutando meu coração, o que entendi foi que você ainda teme a realização das profecias e por isso não quer tomar conhecimento de nada que se passe além deste local.

Atipaj baixou a mão que ainda estava estendida e mais uma vez contemplou a estátua da Mama Quilla; passados alguns segundos, comentou:

– Tem certa razão. Mas não julga que é impossível não me preocupar com as visões?

– Ocupar-se seria mais indicado. Aliviaria a sensação de abandono que o faz contemplar Mama Quilla.

– Ah!, Naira, donde vem seus olhos? – indagou o sacerdote, capitulando, e reconhecendo indiretamente a veracidade da constatação.

– Viracocha os fez e Sariri ajudou-me a aprender a bem utilizá-los.

– É, sinto-me só, como deve sentir-se Mama Quilla nestas montanhas. Você conhece a ordem de sacerdotisas que a adora?

– Claro. Esqueceu que vim da região dos lagos e que conheço a costa?

– Gosto de assistir aos rituais em honra de Mama Quilla; informaram-me que as sacerdotisas ainda não vieram a esta cidade, o que é uma pena.

– A deusa é superior a essas coisas materiais. Mama Quilla já existia antes das sacerdotisas e continuará existindo – comentou Naira, acariciando suavemente os contornos da imagem. – Não importa o que façam os seres humanos, ela sabe seu papel no universo e o desempenhará acima de qualquer coisa, prosseguirá regulando as marés, as gestações dos animais e dos homens, a vida das mulheres. Conhece seu dever e sua competência na harmonia da criação, e isso é o que em certas ocasiões cabe aos homens fazer – desenvolver a compreensão do dever.

Atipaj acompanhava com o olhar o gesto de suave carinho que as mãos pequeninas de Naira desenhavam no antebraço da estátua. Após um instante de contemplação silenciosa, o sacerdote indagou:

– Você nunca se perguntou o que é o dever? Nunca o seu querer entrou em conflito com o seu dever?

As mãos de Naira foram se tornando cada vez mais lentas sobre a estátua, até que por fim pararam. Seu olhar fixou-se no piso de pedra do templo e sua cabeça baixou suavemente, fazendo cair os fios de seus longos cabelos como se fosse um véu, encobrindo a expressão preocupada de seu rosto.

Um momento de meditação se estabeleceu espontaneamente, até que a accla voltasse a erguer a cabeça, e apenas um observador muito atento notaria um brilho de dor em seus olhos ao responder:

– O dever é o que nos dá a paz, assim me foi ensinado e eu concordo. Não poderia jamais viver com tranqüilidade se minha consciência apontasse a falta para com um dever. Minha avó sempre me dizia que o dever é o guardião interno da nossa paz e felicidade; se vivemos bem com ele, estamos protegidos e serenos, andando em compasso com as leis supremas do universo.

Atipaj ouvia calado, concentrado, atento à fisionomia da jovem. Ela o encantava, desde que a vira chegar, naquele mesmo local, alguns dias atrás, e não mais abandonou seu pensamento. O orgulho que sentira ao tê-la a seu lado na condução das cerimônias no dia anterior o acompanhara por muito tempo; lembrava sua beleza, os traços iluminados de seu rosto, a meiguice de sua voz e a forma como o povo a ouvira, respeitoso. Sentira ânsias de abraçá-la e, sendo fiel a si mesmo, tinha que admitir que não se tratava de um sentimento puramente fraterno; mas ela era uma virgem dedicada a Inty, proibida a qualquer homem. Percebendo a hesitação dela em completar a resposta, insistiu:

– O conceito de dever é muito belo. Quando era aprendiz de mestre Wanka, gostava muito de provocar discussões sobre o assunto; ele tem noções muito firmes de dever, honra, amor e vários sentimentos. – Atipaj sorriu, recordando os dias de sua primeira juventude e, notando o interesse com que era ouvido, prosseguiu: – Acho até que ele os conhece bem mais do que aos astros que tanto estuda. Mas você nunca teve dificuldade para viver esse ensinamento? Nunca o seu querer entrou em conflito com o dever?

Naira voltou a baixar o rosto e, afastando-se da imagem de Mama Quilla, andou até uma janela e contemplou a cidade e o movimento constante das pessoas. Em sua memória se desenhou a figura de Wanka, evocando a ternura que sentia a seu lado, levando-a a desejar ficar ali para sempre.

– Já, Atipaj – respondeu simplesmente, demonstrando não ter interesse em aprofundar o assunto por este ângulo ou fazer-lhe revelações.

– É dolorido, não acha?

– É, mas é necessário lutar.

– Eu nunca havia experimentado esse conflito, até pouco tempo atrás. Viviam meu querer e meu dever em perfeita harmonia, todos os meus interesses centravam-se no nosso império...

Preocupada com o rumo inusitado e pessoal do diálogo, Naira voltou-se, encarando Atipaj ao mesmo tempo em que recolhia os cabelos, jogando-os para as costas, sorriu e, procurando aparentar certa naturalidade, disse:

– A cidade está bastante movimentada. Comitivas de sacerdotes e nobres de diversos locais preparam-se para deixar este local sagrado. Não sabe quando o Inca deixará a cidade?

Atipaj entendeu que a jovem desviava o assunto propositalmente e, concluindo mentalmente que ela agia de forma prudente e acertada, suspirou resignado e respondeu:

– Partiremos em três dias. O Inca Huáscar está muito preocupado com a profecia do Inty Raymi. Teme que haja rebeliões lideradas por Athaualpa e é preciso que ele esteja presente em Cuzco para comandar o império e mantê-lo unido. Essa animosidade entre eles é muito forte, são praticamente inimigos, e, ao contrário de Huáscar, Athaualpa é um guerreiro, tem liderança; infelizmente, não podemos ignorá-lo.

– Entendo. Conte com minhas orações aos deuses para iluminarem a consciência de nossos governantes – falou Naira, andando a passos lentos de retorno à frente da imagem de Mama Quilla. – A paz tão cultivada em nosso povo haverá de triunfar sobre essa disputa entre irmãos. Agora, preciso retornar a nossa casa.

– É o seu dever, não é, Naira? – Ante a muda aquiescência dela, Atipaj completou, com um sorriso benevolente: – Então vá, zele pela sua paz e felicidade.

Naira sorriu e despediu-se do sacerdote, andando apressada até a praça sagrada e dali até a casa que as hospedava.

As palavras de Atipaj ainda permaneceram em sua mente pelos próximos dias. Somente mais tarde, ao ver Wanka sorrindo, sentado no terraço costumeiro a observar a dança das lhameiras, afastou os temores que haviam se alojado em seu ser.

Ele não a estava vendo e a jovem deixou-se ficar vários minutos parada, analisando o estranho homem que, desde que o conhecera, invadira seu mundo íntimo e nele lançava luzes e fazia morada segura.

A face de Wanka parecia imperturbável, mas não rígida, nem endurecida, e sim profundamente serena; exibia uma grande segurança de si mesmo e das coisas que o rodeavam; seu olhar às vezes transmitia um fulgor contagiante, e acompanhar seu dia-a-dia descobrindo a simplicidade de seu viver era um aprendizado cativante.

Mestre Wanka residia na Yachahuausi, desfrutava todo conforto e regalia que sua posição obtinha do povo e dela não exorbitava, mas a simplicidade de viver não pode ser confundida com a simplicidade no viver.

A experiência de viver era por ele encarada com simplicidade, sem inúteis e pueris teorizações e complicações, típicas dos vaidosos, pseudo-intelectuais ou pseudo-sábios. Wanka era profundo e simples. Entregava-se aos prazeres singelos e inofensivos que lhe traziam bem-estar, tal como acompanhar diariamente a rotina das lhameiras ao entardecer, contemplar o céu e experienciar a nostalgia; aliás, experienciar é abrir-se à análise das coisas vividas, é permitir-se sentir e observar os fatos e sentimentos quando eles surgem, prática fundamental para nosso autoconhecimento e para a evolução.

"Que estou fazendo aqui parada?!", advertiu-se mentalmente Naira. "Daqui a pouco Wanka percebe e aí o que lhe direi? Que estava aqui a observá-lo, tentando imaginar o que estaria pensando?"

Imediatamente, a esse pensamento, dirigiu-se ao encontro de Wanka e, com entonação alegre na voz e um largo e caloroso sorriso, falou:

– Mestre Wanka! Como está?

– A bela dos olhos grandes – comentou Wanka, lentamente sorrindo e erguendo o olhar até encontrar o rosto de Naira. – Você se atrasou hoje. Mais um pouco e perderia o pôr-do-sol. Sente-se e aproveite essa beleza incrível que é ver essas montanhas mudarem de cor, observar os pássaros se recolherem e toda a natureza se preparar para a noite e o descanso.

Naira obedeceu à orientação e, passando os braços em torno dos joelhos, apoiou a cabeça sobre eles e deixou-se ficar em silêncio apreciando o anoitecer.

As lhameiras se retiravam quase ao mesmo tempo em que sol lançava seus últimos raios sobre o velho pico. O canto dolente das meninas intercalou-se com os sons dos animais que elas reuniam e punham em marcha, em direção aos abrigos. O cheiro da relva pisoteada que começava a receber o orvalho da noite encheu o ar, fazendo Wanka respirar a plenos pulmões, deliciando-se com os odores da natureza.

O ruído forte produzido pelo companheiro extraiu riso de Naira, chamando a atenção de Wanka para a beleza do rosto da moça iluminado pela alegria; apenas para vê-la rir novamente, de forma exagerada, ele repetiu o som e, obtendo o que desejava, ficou a contemplá-la, até notar que o sorriso como que se fixara em seu rosto e o olhar se cravava nele; então, elevou a mão e, suave e carinhosamente, acariciou-o, traçando com o dedo indicador os contornos de seus traços.

Um silêncio repleto de emoções estabeleceu-se.

Repentinamente, era como se nas altitudes daquelas montanhas, onde despontavam as primeiras estrelas dando a sensação de estarem tão próximas que seria possível alcançá-las com as mãos, eles fossem os únicos seres humanos, esquecidos da cidade sagrada e de todos os seus habitantes.

Wanka continuava a acariciar o rosto de Naira e a mergulhar no veludo negro de seus olhos, sentindo toda a delicadeza de sentimentos que a alma da jovem abrigava; percebeu as emoções que despertava e reconheceu que as sentia em si mesmo.

Apesar de toda a experiência que seu espírito acumulava, algo naquela moça o fazia ver luzes onde antes não enxergava nada; via na alma dela a expectativa de realização de um desejo, uma ânsia de completude que o fizera buscar muitos relacionamentos que, ou foram perturbados, frustrados, ou simplesmente acabaram em um sentimento cândido de amor fraternal e boas recordações.

De todas as lembranças de seu passado recente e remoto que tinha consciência, não se sentira ainda tão tocado pela simples presença de alguém a seu lado.

Não era um sentimento meramente físico; no olhar de Naira, ele antevia que ela era capaz de compreendê-lo, de entender seus pensamentos, sentimentos e modo de ser, e em completa afinidade e harmonia, apesar da óbvia diferença de experiência e evolução entre seus espíritos.

Aproximou-se lentamente e beijou-lhe primeiro a testa, depois os olhos e por último depositou um suave e rápido beijo em seus lábios. Pousou a mão em sua nuca e, encostando a testa na da jovem, indagou baixinho:

– Você veio se despedir de mim?

Dominada pela emoção do momento, que não conseguia controlar nem identificar, Naira aquiesceu, com um suave gesto de cabeça que mais parecia um carinho de pele junto ao rosto de Wanka.

– Naira – disse ele com inegável inflexão de ternura. – O homem é o primeiro ser da criação a sentir o poder do sentimento de dever. Nenhum outro antes dele o tem, todos agem atendendo ao cumprimento instintivo das leis do Criador, das quais são inconscientes; apenas nós carregamos em nossas almas esse gigante, porque, diferente dos outros sentimentos que encontram raízes desde a fase do domínio dos instintos, portanto em todos os reinos e desde sempre estão presentes, este nasce conforme a razão cresce em nossos seres. E é ele que movimenta o mecanismo de ação do cumprimento das leis divinas que nos impelem para a evolução. Atendê-lo é reconhecer os limites de nossa liberdade e também seguir a opção correta, a vertente, a seta do que há de divino em nós apontando para o mundo de luz. Renegá-lo é chamar a nós a companhia do arrependimento cedo ou tarde e, com ele, uma boa dose de sofrimento. Sabe, Naira, trilhei muitos caminhos até descobrir essas coisas e sei por experiência pessoal o quanto são verdadeiras. Nós renascemos em corpos humanos muitas vezes, em muitos lugares, para nos educarmos a viver em conformidade com o Criador, o Ser Supremo; é um processo de aperfeiçoamento constante e, nele, o dever é que nos mostra o limite. Ninguém educa sem limites, nem mesmo os deuses; por isso, na sua sabedoria suprema, Viracocha fez com que esse gigante habitasse em nossas almas e nelas se fortificasse, passo a passo com o desenvolvimento de nossa razão. É a sagrada mão amorosa de nosso divino Pai a nos guiar.

– Estranho – falou Naira, também em voz baixa. – Conversei sobre isso com Atipaj. Mas nunca havia pensado no dever desta forma, sempre achei que era fazer o que se considera certo. Minha avó dizia que o dever é o guardião da paz e da felicidade; pensava que era porque quando o cumprimos ninguém pode nos cobrar nada, mas suas palavras me fazem pensar que exista mais do que isso...

– Tenha certeza que sim, bela dos grandes olhos – interferiu Wanka, afastando-se apenas o suficiente para responder olhando nos olhos de Naira. – Esse gigante é o guardião de nossa paz e felicidade como seres espirituais, imortais, que é a nossa verdadeira forma. Nossos corpos e a vida na Terra ou em mundos equivalentes a ela são uma passagem, na qual estamos fadados a permanecer até aprendermos a separar a ilusão da verdade, a purificar nossos sentimentos, extraindo maturidade, e a termos o perfeito domínio das experiências que a vida material encerra, não sendo mais dirigidos pelas necessidades que ela naturalmente contém e são nossas lições, mas nos tornando senhores delas, ou seja, conhecendo e dominando todos os seus processos e mecanismos e fazendo nossa vontade superior a eles, tornando-nos espíritos fortes. E o dever faz isso. Nós nos relacionamos com esse gigante que vive em nossas almas de todas as formas que nos é possível manter relação com algo ou alguém. Nós o temos conosco, na maneira como conduzimos nosso corpo se o viciamos com as coisas que a matéria nos oferece, e, veja bem, entendo por vício o uso abusivo, que foge à relação de equilíbrio que nos garante a saúde; infringimos o dever de reverenciar uma criação divina que nos foi emprestada, ferimos uma lei universal e ainda arcamos com a reação natural de um organismo agredido. O temos também com todas as coisas que nos cercam, resumindo, com o planeta que nos serve de morada. Existem leis sábias que regulam o funcionamento de todas as coisas que usufruímos, fazendo com que elas aconteçam exatamente quando e como devem. A mão humana pode e precisa conhecer essas leis, descobri-las e usá-las agindo de forma inteligente, adaptando-se a elas, nunca querendo modificá-las ou impor-lhes outro destino. A Terra é um imenso organismo vivo; é como se fosse um corpo do qual cada um dos seres vivos é uma partícula; se o agredimos, viramos uma partícula enlouquecida que desencadeia em torno de si um processo de doença e morte, força de reação natural dele à agressão enlouquecida para expulsar as partes doentes e retornar ao equilíbrio. Então, temos o dever de usar nossa parte nesse organismo com sabedoria. Esses terraços são um bom exemplo: há uma lei que atrai tudo para baixo; uma vez retiradas as plantas que sustentavam o solo deste velho pico, a lei da natureza faria com que ele entrasse num processo de desgaste, de desmoronamento. Erguendo-se muros de pedra seguindo o traçado natural da montanha, evitamos este fato; assim, usamos inteligentemente o conhecimento das lei naturais impedindo prejuízos, isto é um uso consciente e adequado da natureza, de acordo com as leis que a regem e que, sabemos, não mudam porque um desavisado não ouviu os brados do dever na própria alma e crê-se o todo poderoso capaz de fazer o universo curvar-se a sua vontade.

Naira o ouvia silenciosa e interessada, enlevada pelo brilho amoroso que via no olhar de Wanka.

– Nas relações que estabelecemos com outros seres interferem leis morais, tão divinas e naturais quanto as que lhe falei antes. São leis que descobrimos no universo de nossa inteligência e do nosso coração – são morais, mas sua ação é igual a das outras, só que as repercussões são em nossas almas, em nossos sentimentos, em nossos relacionamentos desde os pessoais ou familiares até os que envolvem um povo inteiro. E tanto nas leis físicas ou morais, pessoais ou coletivas, em todas está inerente uma relação nossa com o Criador, a forma como o percebemos e experenciamos em nossas vidas. Por isso o dever é guardião de nossa paz e felicidade, porque nos dá o limite para nossa ação, nos educa e é essa a razão por que, dentre toda criação, é a partir da espécie humana que aprendemos ser possível agir contra a vontade ditada pelos instintos atendendo a compreensão de algo que divisamos maior – a obediência a uma lei natural, que se constitui em um dever do qual advirá a nossa felicidade real e duradoura como espíritos.

Wanka buscava perscrutar com o olhar todas as reações que Naira esboçava a suas palavras e o que via o agradava; percebia a paz e a compreensão estampadas no semblante da jovem e uma sede de saber muito grande.

– Suas idéias são muito coerentes e belas, Wanka, mas como saber qual é o dever nos diversos momentos de nossas vidas? – indagou Naira, enquanto timidamente erguia a mão, tocando a face de Wanka delicadamente com a ponta dos dedos. – Eu cresci acreditando nas palavras de Sariri e elas de fato fizeram de mim alguém feliz. Compreendo facilmente tudo quanto você falou sobre nosso dever para com nosso corpo, com o planeta. Minha avó me dava uma visão muito pessoal das lendas e leis de nosso povo, mostrando que de alguma forma se ensinava o uso equilibrado dos recursos naturais, evitando seu desgaste. Ela explicava o porquê da divisão do solo, dando-se partes a Inty onde nada era plantado. Aquela parte obedecia à lei da necessidade de descanso e refazimento das forças vitais, para garantir a produtividade. De fato, os deuses – forças naturais como o sol, a lua, as chuvas e a própria terra – os fecundavam nesse período de descanso em que somente as leis da natureza agiam sobre essas partes, garantindo o equilíbrio. Sariri me ensinou a amar os deuses e principalmente a Pacha Mama, cultuando-a e bendizendo-a, pois os corpos que usamos são construídos com a matéria dela, são como se fossem filhos gerados no corpo da mãe, somos filhos da Terra por um lado e do cosmos por outro, se pensamos como almas criadas diretamente pelas mãos de Viracocha. Seja como for, tudo é natureza divina, mas esse domínio que você falou sobre os instintos, sobre nossa vontade, aí é que me surgem dúvidas...

– Dúvidas?

– Sim. Eu sei que, como uma virgem consagrada a Inty, jamais poderei me casar nem ter filhos, tampouco amar um homem. Minha vida é dedicada aos deuses e a trabalhar pelo bem-estar do povo, tecendo, ensinando, orando, cultivando a fé no seio da população e do império. Se eu descumprir esse dever e entregar-me a alguém, eu e a pessoa a quem amo seremos mortos e desonrados diante do povo. Isso é uma forma de dever, obedecer a esses costumes e renunciar ao que sinto, se algum dia vier a sentir tal afeto por alguém? É esse o caminho que me aponta o dever?

Wanka sorriu levemente e roçou a ponta do nariz no nariz de Naira, compreendendo que ela sentia nascer em si uma luta e um questionamento sério.

– Nem tudo que as sociedades impõem são deveres afins com um entendimento da lei moral natural. Provavelmente, em sua maioria, sejam criações transitórias, que servem por um espaço determinado de anos e depois são substituídas. É isso que precisamos aprender a conhecer e separar, Naira. Veja, nosso povo cultua a vida proibindo práticas de aborto, de homicídio; isso está de acordo com a lei natural, pois todos têm direito à oportunidade de crescimento que a vida material nos oferece e ninguém – a não ser o Criador – pode determinar o final de uma existência. Todos os deveres relacionados à preservação da vida são humanos e divinos. Outro exemplo: temos severas punições para os casos de desobediência dolosa, para as práticas da injúria; condenamos a ira e a inveja porque, quando se instalam no seio de um grupo, esses gigantes vorazes consomem a paz, o equilíbrio, o respeito e fomentam a discórdia e o ódio. São contrários à lei de amor e harmonia que preside todos os fenômenos da natureza, então, de novo, há uma função humana e também divina. A mesma coisa se dá com o trabalho e a liberdade; estas, além de em si mesmas serem de ordem divina, ainda impulsionam o progresso material e espiritual ao mesmo tempo. Outro fator que vemos desenhado em todas as coisas – o progresso –, portanto, é um desejo vinculado ao cumprimento de uma norma da natureza que atende tanto aos reinos inferiores quanto superiores da vida. Os deveres que procedem dessas leis são divinos e devemos nos submeter as suas imposições materiais. Porém, há outros que visivelmente são feitos só pelos humanos, como é o caso da proibição que recai sobre você, mas deve ter conhecimento de que ela não é absoluta.

– Está me dizendo que nem tudo é um dever, Wanka?

– Procurei lhe mostrar o que entendo por dever e quais os que temos de priorizar o cumprimento para resguardar nossa paz de consciência e felicidade. Você me propôs uma dúvida que eu interpretei como sendo: como entender o dever quando ele entra em choque com nossas vontades.

– É, foi exatamente essa minha dúvida – interrompeu Naira.

– Respondo então em poucas palavras: descubra sua escala de valores íntimos, questione sua consciência, observe a natureza e a vida para desvendar suas leis e, de acordo com esse conhecimento, selecione, separe o sagrado do profano. Cumpra seus deveres sagrados com sua consciência e com a vida, prioritariamente. Os sociais são tão transitórios! Não se detenha neles, busque viver conforme o que é eterno.

– Nesse caso, o sofrimento compensa.

– Não há sofrimento onde existe compreensão, Naira. Quando muito, sentimos a visita de uma tristeza passageira, mas uma esperança cálida e firme de que a felicidade maior advém da mente em paz e do coração tranqüilo, da certeza de podermos olhar a nossa volta e não temer uma mão assassina irada erguida contra nós sustenta-nos nesses momentos de crise de superação de pontos fracos e impulsiona à frente. O sofrimento reflete sempre uma alma irresignada, revoltada, magoada e ignorante das coisas eternas do espírito. Quem aprende a amar compreende que, pelos quatro cantos do mundo, os homens se debatem uns contra os outros ou contra si mesmos buscando, longe, a paz e o conhecimento que estão perto, tão perto que o Criador colocou dentro de cada um o roteiro de como viver e ser feliz, evitando o sofrimento.

– O gigante bondoso que voltou ao Criador pedindo a oportunidade de retornar à Terra, conduzindo consigo os outros e propondo-se a triunfar e levar a nova humanidade a viver entre as luzes do firmamento – comentou Naira, expandindo a compreensão da alegoria da lenda Inca sobre a criação.

Wanka sorriu ao ouvi-la e afastou as mãos do rosto da jovem, sentando-se ereto, lado a lado com ela e contemplando as primeiras estrelas que despontavam no céu limpo, de um azul-escuro que ressaltava o brilho dos astros, fazendo-os parecer de prata.

– A grande força do amor. Quem aprende a amar e cultiva esse sentimento não esquece que um dia abrigou os gigantes do medo, da ira, do ressentimento, do ódio e do ciúme em seu ser. Só o amor, Naira, é capaz de fazer o homem superar suas imperfeições.

– E, por amor, eu posso esquecer o dever?

– Ah, Naira! O amor é tão sábio e conduz com tanta inteligência o homem para fora da caverna dos gigantes sombrios que ele ensina a amar o dever; isso nos torna transcendentes, porque transforma o estágio egoísta do amor em um sentimento superior, que se preocupa com o bem acima de seus interesses imediatos e a felicidade coletiva além da realização pessoal.

– Eu adoraria poder ficar aqui e ouvi-lo todos os dias, Wanka. Aprender com você.

Wanka tomou a mão da jovem e segurou-a firmemente entre as suas. Depois voltou-se para ela e, com uma expressão terna e dorida no olhar, comentou:

– Quem sabe a vida não nos proporcione os meios para tornar esse desejo realidade. Eu também gostaria de acompanhar seu crescimento. Sei que todo conhecimento exposto de fora para dentro está sujeito a ser testado e fracassar, mas muitas vezes ele serve para despertar os conhecimentos latentes que trazemos de nosso passado e são a base de construção ou reconstrução de homens novos. Mas lhe asseguro, com toda certeza de que sou capaz: voltaremos a nos encontrar, e mais, poderemos nos encontrar sempre em nossos sonhos.

Mestre Wanka ergueu-se e estendeu a mão a Naira. De pé, frente a frente, ele a abraçou fortemente, enterrando o rosto nos cabelos da jovem e depois, beijando suave e rapidamente seus lábios, disse:

– Vá, Naira. Despedidas não foram feitas para mim nem para você.

Cedendo a um impulso do momento, ela jogou-se mais uma

vez nos braços de Wanka, enlaçando-lhe o pescoço fortemente até senti-lo corresponder ao abraço; então, soltou-o e sorriu.

– Vá, Naira – falou suavemente Wanka.

A jovem aquiesceu com um gesto de cabeça e afastou-se; enquanto andava, galgando os terraços, vez ou outra lançava um olhar ao local em que ficara mestre Wanka e via que ele a acompanhava com o olhar.

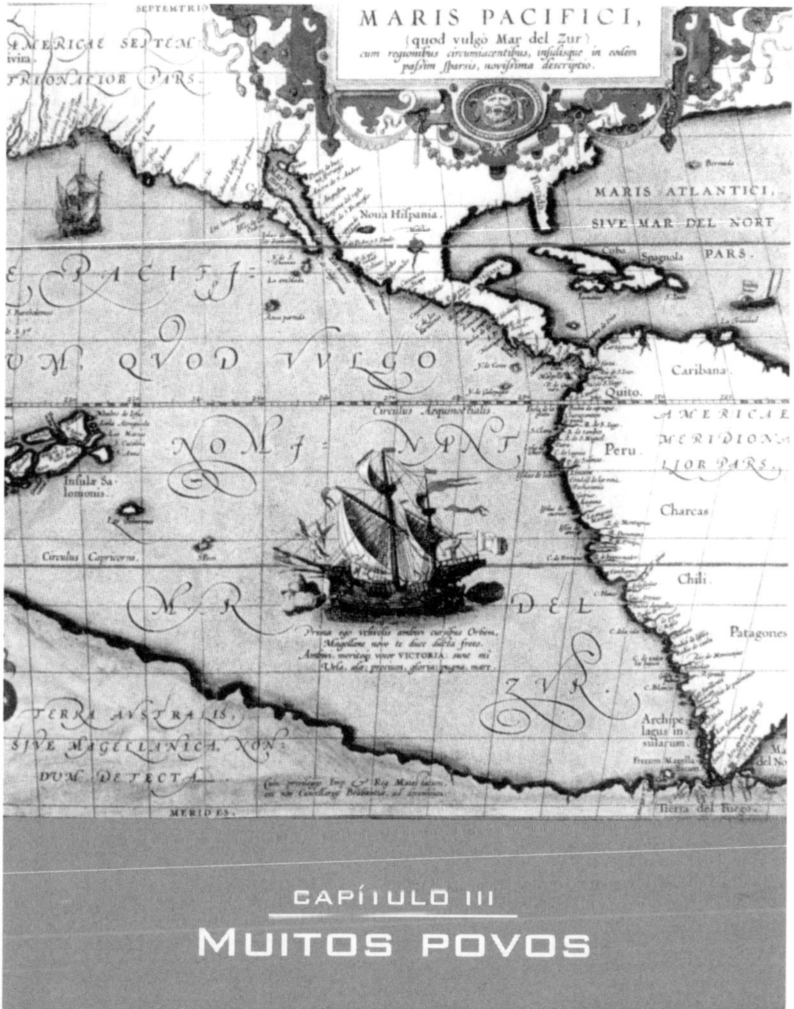

CAPÍTULO III

Muitos povos

"A Terra fornece, pois, um dos tipos de mundos expiatórios, cujas variedades são infinitas, mas que têm por caráter comum servir de lugar de exílio aos espíritos rebeldes à lei de Deus. Aí esses espíritos têm que lutar, ao mesmo tempo, contra a perversidade dos homens e contra a inclemência da natureza, duplo e penoso trabalho que desenvolve, a uma só vez, as qualidades do coração e as da inteligência."

(AllanKardec. *O Evangelho Segundo o Espiritismo*, cap. III, item 15.)

Há vários dias a comitiva do Inca empreendia o caminho de retorno da cidade sagrada até Cuzco, a capital do império. Naira andava um pouco afastada das acclas; desde que se despedira de Wanka, sentia a necessidade de estar só. Estava melancólica, sua mente não se afastava da lembrança dos dias vividos nos altiplanos andinos, em seus ouvidos ainda ecoavam os sons das cascatas e o murmúrio da brisa no pico das montanhas ao cair da tarde, que faziam um fundo musical e harmônico a suas conversas com o estranho homem que tanto a impressionara.

Naquele dia, Atipaj tentara, mais de uma vez, se aproximar e conversar com ela sobre as belezas do vale do rio Willkañuta[1] que estavam atravessando. Descrevera em detalhes a peregrinação cerimonial dos sacerdotes, da qual participara no ano anterior, realizada sempre no solstício de inverno, quando partiam de Cuzco em direção ao local em que nasce o sol, seguindo o movimento do rio celestial – Mayu[2]; porém, Naira o ouvira com pouco interesse e respondera com monossílabos às suas indagações, levando-o a desistir de ficar a seu lado.

Caía novamente a tarde e a fria noite se anunciava no céu alaranjado. A curta distância, a comitiva se apressava a montar acampamento. Naira vinha a uma distância talvez de cem metros da última pessoa da comitiva e, vendo-os acelerarem o passo para chegar ao local que servia de pousada, onde já se acendiam as fogueiras[3], ajeitou sobre o corpo a capa de lã de lhama e voltou o olhar para o caminho percorrido, observando as inúmeras e belas construções daquele local.

---

[1] "Casa do sol". Rio situado próximo à cidade de Cuzco, era considerado sagrado pelo povo Inca - nota do autor espiritual.

[2] Mayu ou o rio celestial era a designação dada à Via Láctea e durante esse ritual os sacerdotes incas acreditavam ocorrer a relação entre o rio celestial (Mayu) e o rio terrestre (Willkañuta), pois defendiam a idéia de que tudo que fosse sagrado sobre a Terra possuía sempre um reflexo no céu. Era também no estudo do Mayu que os incas desenvolveram seus conhecimentos de astronomia - nota do autor espiritual.

[3] Esses locais eram conhecidos como os hoancarakay e existiam em todas as trilhas incas - nm.

À sua vista descortinava-se, iluminada pela suave luz do entardecer, a paisagem fascinante que atestava a realeza do Criador, a excelência de sua obra, os conceitos ingênuos mesclados de profundo sentimento e interesse das almas jovens e antigas que habitavam aqueles lugares.

A representação das figuras – árvores e animais nativos da região –, bem como a de pontes e outras obras de engenharia construídas ao longo do vale do rio sagrado eram inspiradas nas silhuetas que eles divisavam nas sombras e julgavam ver desenhadas nas "constelações escuras"[4].

Era uma paisagem que infundia um sentimento de inocência, tal qual a das crianças que à beira do mar constroem castelos de areia, representando os sonhos, crenças e conhecimentos que povoam seu mundo infantil.

Contemplando-as, Naira pensava:

"São tão fortes e sólidas! Parecem indestrutíveis, refletem a sagrada criação de Viracocha. Como posso sentir pairar sobre elas uma ameaça tão forte?"

Andou alguns passos mais e sentou-se na relva, passando os braços morenos cobertos de braceletes de ouro e prata em torno das pernas, apoiando o queixo sobre os joelhos, como era seu costume, enquanto a brisa da tarde desmanchava suas longas tranças. Perdida em pensamentos e lembranças, não sentiu a aproximação de Atipaj e Wayna, que, sorrateiros, sentaram-se a seu lado, risonhos.

– Por que mundo vagueias, Naira? – indagou Wayna e, em tom

---

[4] Segundo os conhecimentos incas, existiam três tipos de constelações: as brilhantes, que eram um conjunto de estrelas que formavam uma figura; constelações escuras, formadas por manchas escuras (atualmente denominadas nebulosas), e as constelações mistas. As constelações escuras se localizavam, conforme o conhecimento antigo, na região do Mayu, onde a densidade e o brilho da região fazem com que as manchas pareçam sombras de enormes silhuetas, geralmente de animais, que, no pensamento deles, eram responsáveis por dar fertilidade e abundância à Terra. Por essas crenças, edificaram representações dessas silhuetas ao longo do vale, recriando as formas que julgavam ver no céu, como se o vale e o rio fossem um reflexo do rio celestial - nota do autor espiritual.

pedante, advertiu a companheira: – Abandonaste completamente o nosso mundo, deixaste o acampamento e hoje foi uma enorme dificuldade arrancar de ti o som de algumas palavras. Agora que a noite chega ainda te noto no mesmo estado. Que se passa contigo?

Com o ar de alguém que desperta de um sono profundo e, por isso, de pouca coisa se recorda, Naira fixou serenamente a face sensual da bela accla do estado a seu lado.

– Não é nada – respondeu Naira, constrangida. – Apenas gosto de ficar só comigo mesma. Sabe, Wayna, eu me considero tão boa companhia que há dias que, egoisticamente, eu faço companhia a mim mesma.

– Foi realmente sábio quem te designou para servir aos deuses e não ao império – retrucou Wayna, despeitada pela resposta de Naira. – Não haveria um único trabalho que julgasse à tua altura, somente os deuses são dignos de usufruírem a tua companhia.

– Por Inty, mulheres, parem – pediu Atipaj. E, voltando-se para Wayna, lembrou: – Não foi com o propósito de gerar discussão que viemos à procura de Naira.

Encarando diretamente o sacerdote, Naira decidiu ignorar a presença da outra accla e indagou:

– E qual foi a razão de me procurarem?

Atipaj, que fixava o olhar indignado de Wayna, descobrindo que algo de anormal havia na relação entre as duas acclas, sentia a profunda aversão que reinava entre elas; por isso, demorou alguns segundos para responder.

– Recebemos uma informação preocupante trazida por um chefe da ayllu[5] próxima.

Sentindo o temor íntimo que abrigava crescer dentro de si, Naira reconheceu os sinais de alarme que o medo disparava em seu organismo. Buscando conter-se, respirou fundo e lançou um olhar ao sol que se punha no horizonte, implorando ajuda à divindade;

[5] Expressão usada para designar as comunidades que eram a base da estrutura administrativa e política do império - nota do autor espiritual.

depois, mais refeita e controlando melhor as emoções, voltou o olhar para Atipaj, esperando que lhe fornecesse maiores explicações.

– Utuya[6] Condor pediu para falar ao Inca; contou-nos que Athaualpa passou pela ayllu há poucos dias, reunindo homens dispostos a defender sua causa de ocupar o lugar do Inca Huáscar. Disse que ele vinha acompanhado de vários homens armados e treinados e que, pelo poder de sua palavra, conseguiu convencer alguns jovens de sua família, que o abandonaram para seguir Athaualpa. Fala em conquistar Cuzco. Huáscar teme o futuro. Lembrei de suas visões e dos fatos que se sucederam na cidade sagrada. Falei ao nosso Inca sobre você e ele deseja conversar contigo.

Surpresa, Naira lançou olhares ao sacerdote e a Wayna, transparecendo em seus grandes olhos negros o receio, a desconfiança e a luta que travava intimamente.

"Não posso negar um pedido do Inca. Deverei atendê-lo, mas é necessário algum tempo, ao menos até que eu tenha assimilado a notícia", pensava Naira, para logo a seguir dizer, em alto e bom som:

– Dê-me algum tempo. – E observou o ar de riso no rosto de Wayna, em cuja expressão se lia algo do seguinte gênero: "Eu sabia e avisei que Naira era covarde e medrosa."

Notando a impaciência de Wayna com a reação controlada de Naira à notícia, Atipaj questionou:

– Diga quanto tempo devo esperar para acompanhá-la de volta ao acampamento.

Naira sorriu ante a implícita ameaça de que o sacerdote ficaria a seu lado para literalmente escoltá-la à presença do Inca.

– Apenas alguns minutos, Atipaj. Preciso reverenciar a deusa mãe, a inspiração dela sempre é valiosa – respondeu Naira, retirando as botinas de feltro que usava. Levantando-se, contemplou a paisagem à sua frente e, dirigindo-se ao sacerdote, disse: – Você compreende que preciso estar só. Aguarde-me, voltarei aqui.

---

[6] "Forte" - nm.

Com essas palavras, pôs-se a andar descalça sobre a relva, dirigindo-se às margens do rio sagrado.

Entregando-se à natureza que a cercava, a accla concentrou-se nos seus sentidos, saboreando a experiência que cada um deles lhe oferecia naquele momento, até que sua mente e seus sentimentos estivessem silenciosos; harmonizava-se com as forças da vida, que pulsam todas em nossa memória física e espiritual. Nesse estado, percebeu um pensamento que a alcançava com muita força e lhe dizia:

"Naira, o medo é um inimigo cruel e impiedoso. Ele engana a alma porque fez parte de nossa evolução e foi nosso protetor em tempos remotos. Quando ainda desenvolvíamos nossa identidade de espíritos imortais estagiando nos reinos inferiores da natureza, era ele – esse gigante potente – que despertava em nós o instinto de conservação, de proteção e valorização da experiência de viver, mas conforme evoluímos é necessário aprender a domá-lo. Reconhecer os limites de atuação e não deixar que ele habite em nossa mente. As criações imaginárias são as mais temíveis, porque não há fato que se possa contrapor-lhes, não aceitam argumento lógico e racional. Não desenvolva em você esse medo. Encare cada experiência em seu momento, esse é o segredo da segurança e da estabilidade. Veja o exemplo da natureza que a cerca: as estrelas não se mostram à luz do sol, e os animais que saem à noite não são os mesmos que caçam durante o dia. Cada coisa tem sua hora de agir e a aguarda. Cada momento tem sua lição e sua beleza, até mesmo a destruição encerra aprendizados preciosos e é uma necessidade da natureza. Portanto, não tema. Confie. Alimente seu espírito na esperança, na fé e na confiança na sabedoria divina. Tudo na vida são estágios, são etapas que devemos cumprir para avançar. Olhe o céu e pense que as estrelas são casas onde você irá habitar; cada uma delas representa um estágio no seu desenvolvimento e, para mudar-se de uma para outra, você necessitará passar por transformações que não se operam sem destruições. O que muda, Naira, é a forma como elas – as transformações – se operam. Algumas são bruscas e violentas, outras são lentas e pacíficas, depende de quem as conduz. Assuma tranqüila e serenamente seu papel na vida e conduza as transformações em seu próprio ser, aprendendo a conviver com as diversidades de agir daqueles que a cercam e compreendendo a incapacidade de muitos deles de vencerem seus gigantes internos, deixando-se arrastar em comportamentos doentios. Não se deixe enganar pensando que o medo auxilia sua evolução nesse momento; agora, ele é o gigante que se põe à porta da caverna e tenta impedir a ação das forças do amor e do dever."

Atenta em sentir as ondas do pensamento a que se ligava, Naira deixou-se embalar, olhos fechados, corpo batido pela brisa da noite, que descia ligeira seu manto escuro sobre os Andes, fazendo as estrelas brilharem como jóias ao alcance das mãos. Como uma carícia, sentiu as últimas palavras daquele envolvimento telepático.

– Eu amo você e sei que, onde estiver, esperarei contemplar em você a vitória do amor e do dever e comemorarei a sua sublimação.

Ao abrir os olhos, divisou num reflexo o rosto de Wanka e sorriu, compreendendo que era o pensamento dele que chegava como resposta às suas indagações, ansiedades e medos de todos aqueles dias, desde que se despediram nas montanhas da cidade sagrada. Em pensamento, disse-lhe:

– Obrigada, Wanka. Eu também te amo.

As feições iluminadas refletiam a paz e o equilíbrio íntimo recuperados pelo momento de meditação e de intercâmbio com o pensamento de Wanka.

Segura, girou sobre os calcanhares e encarou a figura de Atipaj, ainda parado no mesmo local em que o deixara, com os braços cruzados sobre o peito; podia sentir seu olhar acompanhando-a enquanto empreendia a subida até o local mais elevado.

– Pronta? – indagou Atipaj.

– Sim. A luta para vencer nossos medos é um exercício constante. Desde aquelas visões, guardo receios e temores e há momentos em que, por mais que eu diga a mim mesma que essas visões servem para me preparar a fim de que, quando acontecerem, eu tome as melhores decisões e enfrente com equilíbrio as ocorrências, o medo me vence e, se não me esforçar, caio paralisada. Enquanto viajamos até aqui eu não conseguia deixar de sentir medo, de ver arruinadas todas as construções do nosso povo e a forma de vida que cultivamos. E, quando você me deu a notícia... bem, eu precisava buscar paz e equilíbrio, de outra forma não haveria nada em mim de utilidade ao Inca e ao nosso povo.

Atipaj sorriu enternecido ante as palavras de Naira e, estendendo-lhe a mão, auxiliou-a a galgar os últimos passos até chegar onde ele estava, ao lado de Wayna.

– Vamos – falou o sacerdote, dirigindo suavemente Naira pelo braço.

Wayna ouviu as palavras de Naira com desagrado e impaciência, mas compreendera, pela atitude de Atipaj, que deveria permanecer calada. Além do mais, as referências a visões e premonições aguçaram sua curiosidade e, pensando que poderiam ser úteis a seus objetivos, manteve-se em silêncio enquanto empreendiam a caminhada curta até o centro do acampamento.

Em torno da fogueira se reuniam os membros da nobreza próxima ao Inca.

Huáscar bebia a chicha, uma bebida feita da fermentação do milho, e andava, inquieto; nenhum assunto dos aventados nas rodas de conversa lhe atraía a atenção, seu pensamento voltava constantemente à conversa com Utuya Condor e suas revelações.

Sentia-se traído por vivos e mortos. Em poucos dias, perdera completamente o senso de pertencer a uma família, vira seu pai e irmão mais velho morrerem; lembrava da revolta de Athaualpa quando, por forças externas, tornara-se o Inca.

Agora estava preso a obrigações, compromissos e tarefas para as quais se sentia despreparado e, por que não dizer, incapaz. Custava-lhe tomar decisões e nesses poucos meses de orfandade e poder, fora compelido a tomá-las de forma muito rápida e freqüente, perdendo sua paz de espírito.

Atipaj adiantou-se, chegando em frente ao Inca, e, como era um dos membros da sociedade que podia lhe falar diretamente e servia-lhe também como intérprete, saudou-o e logo informou:

– Inca Huáscar, trago-lhe a accla de que lhe falei.

– Traga-a à minha presença imediatamente. Dispense todos os demais, seremos apenas eu, você e ela – ordenou o Inca.

Atipaj aquiesceu e, dando alguns passos para trás, ergueu a mão direita, com este sinal exigindo silêncio e anunciando que falaria em nome do Inca:

– O grande Inca Huáscar ordena que todos se retirem.

Rapidamente, todos à volta recolheram seus pertences e encaminharam-se para as diversas fogueiras menores, pertencentes a cada família ou grupo integrante da delegação do soberano, que cercavam o centro do acampamento.

Voltando-se para as mulheres que o acompanhavam, Atipaj deparou-se com Wayna ainda ao lado de Naira e, com severidade, questionou:

– Estás surda, accla Wayna? A ordem do Inca foi para que todos se afastassem.

– Considerando que sou a accla do estado preferida de nosso soberano, julguei que não se aplicava a mim tal ordem – respondeu Wayna.

– És apenas uma accla do estado; se serves ao nosso soberano, não fazes mais que cumprir teu dever, devias te sentir honrada por essa deferência e não usá-la de forma pedante para querer descumprir uma ordem do Inca. Não viste que até mesmo nossa Coya se afastou? O dever não te impõe que sigas a mesma atitude?

Os olhos de Wayna brilhavam orgulhosos, refletindo raiva e indignação por estar sendo humilhada e, a seu modo de ver, desprestigiada na frente de outra accla; porém, não podia negar a autoridade de Atipaj. Baixou o olhar e, fingindo humildade e resignação, afastou-se buscando as demais companheiras.

– Você foi duro com ela, Atipaj. Wayna é uma mulher de caráter temperamental e custará muito a esquecer os incidentes desta noite – alertou Naira, observando a outra se afastar.

– Wayna é uma jovem muito bonita, encanta ao nosso Inca e pensa poder mais que as leis que regem o império. Engana-se terrivelmente com esse proceder e, em particular, lhe confesso, Naira, que não confio nela e venho tentando alertar o Inca sobre a conduta dessa accla e que não lhe dê excessiva atenção, mas minhas palavras não têm sido páreo para os dons de sedução de Wayna. Temo que o Inca lhe confie informações que ela não tem preparo para receber. Se lhe cortassem a língua, eu ficaria mais tranqüilo.

– Atipaj! Não repita mais coisa igual. Imagine o que mestre Wanka diria ao ouvi-lo mencionar idéias de violência contra a accla. Essas práticas estão em extinção no império.

Notando a forma respeitosa com que Naira se referira à opinião do amauta da cidade sagrada, Atipaj sorriu e descontraiu os músculos da face e dos ombros, enrijecidos durante a breve discussão com Wayna.

– Mestre Wanka não as aprovaria, tenho certeza. Mas ele afastou-se da capital ainda durante o império do Inca Huyna Cápac, e é graças à indicação dele que sou um sacerdote de Inty tão próximo do Inca Huáscar. Por isso, ele me perdoaria e saberia que, se tais pensamentos me acorrem à mente, há uma razão justa. Mas não tema, accla Naira, não farei voltar ao reino essas práticas antigas.

Naira sorriu e, lançando um olhar ao centro do acampamento, notou a figura do Inca bastante próximo à fogueira. Acompanhando a direção do olhar da jovem, Atipaj tomou-lhe o braço e dirigiu-a para próximo do Inca.

– Trago-lhe a accla Naira, Inca Huáscar.

Dirigindo-se a Atipaj, Huáscar indagou:

– Diga-lhe que me fale de todas as suas visões e orientações que recebeu de nossos antepassados.

Atipaj ouviu em silêncio e, após o término da manifestação

de Huáscar, baixou a cabeça e, voltando-se para Naira, a encarou, repetindo literalmente as palavras do soberano.

Naira relatou detalhadamente todas as experiências espirituais que vinham lhe sucedendo, culminando com a última, ocorrida há poucos minutos nas margens do rio sagrado, quando captara o pensamento de mestre Wanka.

Pelo rosto de Atipaj passou rápida expressão de surpresa; tivera conhecimento apenas da primeira ocorrência, que culminara no encontro dos dois no templo de Inty. Buscando manter-se sereno, ele tudo relatava ao Inca, sem entretanto manifestar qualquer opinião.

– Dê a esta accla atenção especial, por minha ordem. Que todos saibam que esta virgem foi responsável por acalmar a alma do Inca e por isso merece o seu apreço. Diga-lhe que o filho de Inty abençoa e bendiz seus poderes espirituais. A sabedoria que nos transmitem os antigos mestres de nossa civilização é verdadeira e guia seguro para nossa paz e prosperidade. E esta virgem é uma escolhida, sua percepção é clara e segura. Agradeça-lhe as informações recebidas e mande-a recolher-se – ordenou Huáscar, acompanhando zelosamente as palavras repetidas por Atipaj e as reações no rosto da bela virgem.

– Eu agradeço sinceramente comovida a deferência do Inca; entretanto, não existe necessidade de oferecer-me regalias. Tenho tudo que preciso. O Inca consta em minhas orações, peço a Inty por nosso soberano e que nos auxilie a mantermos os passos firmes e as atitudes serenas. Estarei sempre à disposição do Inca Huáscar e tudo quanto me for revelado transmitirei a ele.

Atipaj novamente repetiu as palavras de Naira e viu um sorriso rejuvenescer a aparência de Huáscar que, com um gesto, dispensou a presença da accla.

Naira cumprimentou formalmente o Inca, baixando a cabeça e dobrando levemente os joelhos, depois andou vários passos de costas até que julgasse conveniente e não ofensivo ao "filho dos deuses", somente então girou sobre os calcanhares e, vislumbrando o clarão da fogueira em torno da qual se reuniam as demais acclas e sua orientadora, foi ao encontro delas.

O Inca permanecia parado ao lado da grande fogueira central, a capa ricamente bordada com pedras preciosas balançava em torno de seus pés, ao sabor da brisa fria da noite. Sua figura alta e forte iluminada pela lua e pelo fogo no altiplano andino tinha um quê de tristeza e solidão, seu olhar revelava a fragilidade que carregava na alma.

– Deseja conversar sobre os acontecimentos desse dia? – perguntou Atipaj aproximando-se do Inca, tocado de piedade pela expressão desolada do olhar daquele que era o homem mais poderoso do império Tahuantinsuyo.

– Você é um dos meus poucos amigos, Atipaj. Às vezes, recordo o tempo em que era livre e podia viver como qualquer outro do nosso meio, podia andar livremente e escolher as pessoas com as quais me relacionaria. Hoje, nenhum desses simples direitos me assiste. Há dias em que me sinto um escravo do povo ou quase como uma das imagens de nossos templos, que são adoradas e devem permanecer impassíveis, incólumes, e serem sempre sinônimos de justiça diante das mais estranhas ocorrências que nos cheguem às mãos. Mas sabe, Atipaj, existe entre eu e eles uma diferença intransponível: eu tenho sentimentos, não fui esculpido em pedra por um hábil artesão. Não consigo ter a firmeza que se espera de um filho de Inty. Recordo de meu pai, do meu irmão e sinto-me envergonhado em dizer, mas faço um esforço enorme para cumprir a tarefa que os deuses me reservaram. Será que se Athaualpa soubesse o que significa ser o Inca por alguns poucos dias, ele iria desejar tão ardentemente o meu lugar?

Atipaj ouvia respeitosamente as palavras do soberano, sentindo que vinham repassadas de angústia e sinceridade; ele extravasava os sentimentos e pensamentos que lhe torturavam o íntimo. Notando que Huáscar prosseguiria em seu desabafo, o sacerdote o fitou, compreensivo.

– Eu adorava criar adornos de metal, desde jóias comuns até peças de arte para nossos templos. Nunca mais senti os metais tomando forma sob minhas mãos nem me deixei encantar por sua beleza divina. Passava horas e horas em diálogos com nossos amautas – reconheço que não fui um aprendiz dos melhores, mas era esforçado e gostava de ouvi-los ensinar nossa história. Agora eu sou a história, eu sou o escolhido entre os descendentes dos deuses e não posso mais fazer o que gosto, e sim o que devo fazer. O que sou obrigado a fazer. E sinto como se a imensa montanha de prata estivesse inteira sobre os meus ombros e me soterrasse, a cada passo que dou. Todos os dias, quando acordo e reverencio nosso deus e nossos antepassados, peço-lhes que dobrem as minhas forças, e quando Mama Quilla surge no céu, sinto-me obrigado a agradecer por ter sobrevivido mais um dia. – Huáscar olhou o firmamento à procura da lua e, com a face iluminada pelo brilho do satélite natural, completou: – Mas, hoje, ainda não consegui... Faça isso mais tarde por mim.

– Eu farei, Inca – afirmou Atipaj, sereno. – Como seu amigo e sacerdote do império, preciso lembrá-lo que em você vivem os deuses, você é descendente direto e legítimo deles. Os sentimentos dos deuses são os mesmos seus, os ídolos dos templos são apenas uma representação para o povo das forças divinas com as quais você se liga por laços de parentesco. Aumente sua crença nessas verdades, Inca Huáscar, e verá como em harmonia com o poderoso Viracocha não há mal presente, passado ou futuro que venha a lhe atingir.

Um meio-sorriso com toque de incredulidade desenhou-se na face de Huáscar, e Atipaj, preocupado com essa reação, indagou:

– Duvidas das verdades de nossas crenças, Inca? Isso é inadmissível. Desde as origens de nosso império que Inty tem protegido e guiado o casal terreno – seus representantes junto ao povo. A unidade de nossas crenças e idioma assegura a segurança e equilíbrio ao nosso império, são seus pilares; se tantos povos se unem a nós e se tornam submissos a orientação do Inca, há de ter uma razão; e a razão é: confiam ser orientados e guiados por representantes dos deuses. Não há outro motivo, todos desejam servi-lo, o amam e obedecem por ser filho de Inty.

Huáscar ouviu atencioso e em silêncio as admoestações do sacerdote e apenas comentou:

– Entre o conhecimento teórico e a experiência real, no exercício diário desses conceitos, há uma grande distância. Eu creio na proteção de Inty, na supremacia de Viracocha no universo, tanto que confessei a você os pedidos constantes que lhes faço. O que lhe digo, Atipaj, é que o sentimento de que a descendência divina atribuída à minha pessoa, e à da Coya, não sinto como sendo exclusiva, especial. O Huáscar que era um simples membro da realeza até alguns dias atrás não passou por nenhuma transformação ao assumir o cargo de Inca; eu penso e sinto exatamente da mesma forma que antes, a grande mudança foi na liberdade de expressar esses pensamentos e sentimentos. Eu me sinto tolhido pelas obrigações que esses conceitos religiosos impõem e, para você, que considero um dos meus poucos amigos, confesso que muitas noites questiono-me sobre a validade e a necessidade de disseminar essa crença de que somos deuses na Terra.

Atipaj ouvia estarrecido as palavras do Inca e vasculhava a memória em busca de argumentos para rebater as colocações do Inca; em pensamento, reconhecia que todos os ensinamentos que recordasse a Huáscar esbarrariam sempre nos sentimentos e na visão que a vivência dele oferecia naquele momento e contra os quais não havia contra-argumentação possível. Era duro aceitar calado a íntima irresignação do Inca aos deveres que a religião solar lhe impunha. Cobrando-se a necessidade de defender o legado religioso que conduzia, o sacerdote falou:

– Inca Huáscar, sua experiência no comando de nosso vasto e poderoso império é recente e, por isso, muito pequena para que tenha formado convicções destruidoras de crenças que alimentaram seus grandes antecessores; esses sentimentos que me confiou devem se originar na forma como chegou a esse posto – inesperada e traumática. Com o passar do tempo, tudo se mostrará de forma diferente e, algum dia, quando estivermos velhos e você estiver preparando seu sucessor, dirá a ele palavras bem diferentes das que ouvi esta noite.

– Será? – questionou Huáscar com uma expressão de benevolência típica de alguém que escutou os devaneios de um sonhador, porém, decidido a acabar com aquele momento, comentou: – Eu sou o representante dos deuses, mas você é o sacerdote a quem eles confiam as visões e orientações; assim, a capacidade de ver o que nos reserva o futuro é sua. Por ora, não me sinto nem me vejo preparando meu sucessor, mas se você diz...

Huáscar jogou o restante da chicha no fogo e, encarando Atipaj, disse:

– Vamos descansar, amanhã deveremos chegar a Cuzco antes do anoitecer.

Atipaj baixou a cabeça em obediência à ordem do soberano e, após as despedidas habituais, cada um procurou seu lugar no acampamento.

A conversa com o soberano deixara o sacerdote nervoso e angustiado, não conseguia conceber que pairassem dúvidas na mente de Huáscar sobre as coisas que ele considerava sagradas e verdadeiras. Sob o guante da aflição que lhe deixara o diálogo, o peso da insegurança e do medo provocados pelas visões o aterrorizava.

– O Inca não pode pensar assim, ele pode atrair a ira de Viracocha – dizia para si mesmo Atipaj sentado próximo à fogueira e enrolado em seu agasalho de lã de lhama, contemplando as estrelas e em vão tentando recordar as lições que aprendera dos amautas e, depois, dos sacerdotes que o haviam preparado.

***

Do outro lado do acampamento, Naira dormia tranqüilamente; seu rosto, relaxado, estampava uma serena expressão de prazer e alegria. Distante dos sentimentos que assaltavam o soberano e Atipaj, ela sonhava com um local desconhecido...

A natureza privilegiada apresentava cores radiantes. As flores, a vegetação, as árvores, a água e até mesmo o céu lhe pareciam diferentes; comparados aos que conhecia, eram diáfanos, de cores radiantes e formas perfeitamente definidas.

A luz era difusa e regular, não se viam sombras, parecia que ela permeava todas as coisas e emprestava-lhes seu brilho. O calor também era diferente, não sentia aquecer a pele, como acontece com os raios solares, era uma temperatura branda, agradável; a leve brisa que ondulava a vegetação do local era como a carícia de uma pluma e levemente perfumada com um odor que Naira não encontrava semelhança em nenhum outro.

Havia paz. O som de água corrente despertou sua atenção para o córrego próximo, andou até ele, abaixou-se e, com as mãos em concha, pôs-se a brincar com o líquido cristalino, encantando-se com a miríade de cores refletidas na água que escorria de suas mãos.

Pressentindo a aproximação de alguém, Naira ergueu-se sorrindo. Ao reconhecer Sariri e Wanka, a alegria imprimiu um brilho intenso em seu olhar e correu a abraçá-los.

Um bem-estar invadiu a jovem; sentia-se feliz entre os braços amorosos da avó e, enlevada pelo olhar carinhoso de Wanka, afastando-se de Sariri, aproximou-se dele. Após uma intensa troca de olhares e sorrisos, que dispensavam qualquer palavra para transmitirem um ao outro o que sentiam, Naira timidamente indagou:

– Onde vocês se conheceram? Como aconteceu essa dádiva dos deuses de eu poder encontrar a um só tempo com as duas pessoas mais importantes da minha vida?

Sariri, passando a mão pelo braço da neta, sorriu e esclareceu:

– Mestre Wanka e eu somos velhos conhecidos, Naira. Nas muitas experiências que as encarnações nos oferecem, convivemos várias vezes e aprendemos a nos conhecer, respeitar e apreciar. Viemos juntos de uma estrela distante e aportamos no planeta Terra muito tempo atrás, tempo bastante para que muita coisa tenha sido destruída pela natureza selvagem do orbe que nos acolheu como lar adotivo.

Naira ouvia, atenta, as palavras da avó; depois, retornando o olhar para Wanka, deparou com seu rosto tranqüilo e o olhar meigo e sereno, e ouviu a calma explicação:

– Somos um grupo bastante grande exercendo diversas atividades na Terra. Muitos de nós perderam-se na trajetória e, descuidando de si, caíram nas velhas armadilhas que carregavam em seu interior, esbanjando a oportunidade de trabalho e a confiança do Criador; outros, porém, se esforçam por legar aos filhos do nosso planeta adotivo a lembrança de nossa passagem, marcando-a com ensinamentos que desafiarão o tempo e a compreensão de muitas gerações futuras. Aos que conviveram conosco tudo pareceu muito natural, e o foi, considerando nossa maneira de ver e os conhecimentos que trazemos acumulados em nossos espíritos, mais experientes do que a grande maioria daqueles que experimentaram somente o que a Terra tem a oferecer. Mas agora sou dos últimos remanescentes. Sua avó é uma grande amiga e companheira, como ela mesma disse, de épocas recuadas.

– Você já me falou sobre isso – lembrou Naira. E, com olhos muito atentos e abertos, observou ao redor, questionando: – Estou neste mundo distante do qual vocês me falam? Por que falam como se tudo fosse passado e vocês tivessem partido definitivamente?

– Você está num local semelhante ao nosso mundo de origem; este é um ambiente espiritual, um local transitório onde nos reunimos para planejar a execução de nossos propósitos e que também nos serve de refrigério para as dores e saudades do exílio – respondeu Sariri.

No olhar de Naira havia encantamento e, dirigindo-se ao espírito da avó, comentou:

– É bastante diferente da Terra. A luz e a constituição dos corpos me parecem diferentes.

– Pois toque, esse local foi construído buscando nas energias da Terra o que havia de mais sutil, compatível ao estado evolutivo e energético do mundo que desejamos reproduzir.

O encantamento se tornou ainda mais perceptível no sorriso da jovem ao sentir a maciez da relva, a delicadeza e suavidade das pétalas de uma singela flor do campo; aproximando o rosto, aspirou-lhe o perfume.

– Linda, não é mesmo? – comentou Wanka. – Momentos assim nos dão forças, fortalecem a esperança de que a Terra, no futuro, atingirá estágio igual, de que nela reinará a paz, a concórdia, a justiça e o amor, que guiarão as atitudes dos homens, e eles terão desenvolvido bastante o intelecto para compreender que as leis divinas são perfeitas e harmônicas e respeitarão a natureza material e imaterial em que elas se inscrevem.

Naira ergueu-se e, ainda trazendo a expressão de enlevo, disse:

– Wanka, nossa vida é tão tranqüila, reina entre nós a paz, nosso povo é justo, o culto a Inty nos ensina a respeitar e zelar pela natureza. Por que você fala como se vivêssemos em um local ruim? Entendo que o mundo de onde vieram seja mais belo e melhor, mas isso não torna a Terra má.

Sariri ouviu as colocações da neta e dirigiu um olhar a Wanka, transmitindo seu desejo de responder a Naira. O amauta simplesmente baixou a cabeça aquiescendo e aguardou em silêncio.

– Naira – chamou Sariri, atraindo a atenção da jovem. – O fato de algo ser belo não torna outra coisa feia, assim como ao dizermos que aqui é bom – falou apontando o local onde estavam e, depois, fazendo um gesto que indicava algo distante – não quer dizer que lá seja ruim; você tem razão no que argumenta, porém só podemos comparar coisas semelhantes e, ainda assim, cientes de que o Criador nada fez igual. A Terra e o mundo de onde viemos não podem ser comparados, são muito distintos. Seria como querer comparar a mãe e o recém-nascido e dizer que são idênticos. Seria absurdo, embora existam elementos de inegável afinidade que os aproximam. Além disso, munasqa[7], você considera apenas a realidade que a cerca, e ela é pequena. Ainda forma seu julgamento baseada nas informações que os sentidos físicos oferecem e eles se circunscrevem ao ambiente limitado em que se movimenta. É natural do momento de evolução da Terra que se julgue "mundo" aquilo que os olhos vêem e até onde nossa razão alcança, mas isso é limitado. Em verdade, existe muito mais. Esse local abençoado que é a Terra – não estranhe que eu diga isso, as dificuldades que ela nos oferece são as necessárias ao desenvolvimento de nossas capacidades espirituais, por isso a abençôo – comporta muitos lugares, habitam muitos povos além daqueles que compõem o mundo dos incas. E cada um deles vive de forma diferente, tem experiências, sentimentos, desenvolvem a inteligência de forma peculiar.

Naira ouvia a explicação dando sinais de compreender perfeitamente as idéias da avó.

– Pense nos animais: existem espécies variadas, algumas mais perigosas, maiores e ferozes, outras quase dóceis, menores, que as pessoas conseguem domesticar. A mesma variedade de tipos existe entre os homens, que vivem por todo o planeta e não apenas no alto dos Andes. A construção do Tahuantinsuyo foi um de nossos últimos trabalhos. Outros povos vivem em condições semelhantes e guardam afinidades com a cultura antiga que preservamos, mas inúmeros outros existem com valores e costumes muito diferentes; alguns deles acolheram a companheiros nossos falidos na tarefa de se libertarem das imperfeições que os impedem de retornar...

Aproveitando a pausa, Naira, que acompanhava com o olhar as expressões dos rostos de Wanka e da própria avó, não pôde deixar de notar o ar preocupado e compenetrado que iam assumindo conforme o diálogo avançava e indagou:

– Sariri, você me trouxe aqui para me alertar novamente sobre perigos futuros?

[7] Querida, amada - nm

– Não, Naira, todos os avisos e alertas foram dados. E não foi somente você quem os recebeu, várias pessoas de diferentes povos também os receberam. As sementes foram lançadas. O tempo dirá que tipo de cuidado lhes darão os interessados. Trouxemos você aqui para que veja todas as coisas que estamos falando, para que conheça os outros cantos do mundo que seu olhar não contempla e entenda que, em verdade, não há cantos. Venha.

Sariri seguia à frente, guiando o trio; entretanto, Naira observava a facilidade e a naturalidade com que Wanka se movimentava no local.

Percebendo-se alvo da atenção e da curiosidade da jovem, prontamente a esclareceu:

– Venho aqui com grande freqüência, Naira, essa a razão por que me movimento tão facilmente nestas paragens.

Surpresa por obter prontamente a resposta à sua pergunta íntima, Naira sorriu, contemplando enamorada o perfil de Wanka, e comentou:

– É também por esse motivo que você lê meus pensamentos como se fossem quipus ou killpas[8]?

– Em parte, Naira – discordou Wanka tranqüilamente. – Como guia, apenas a razão é insuficiente, porque implica numa falta de integridade. O Ser Supremo nos fez binários – razão e sentimento ou amor e ciência são os elementos que devem preencher nossas almas. Conhecer tudo é improvável, e diria mesmo impossível. Nosso avanço é sempre condicional à nossa capacidade de visão; quanto mais despida de ilusões, melhores sentimentos, mais seguros, definidos e, conseqüentemente, as atitudes refletem o íntimo do ser humano. Respondendo objetivamente à sua indagação, o que li foram os sentimentos que se manifestaram em seu rosto e olhar. Os sentimentos é que movem o indivíduo e os seus não se alojam distantes do olhar de quem a contempla, mas espiam

[8] Mensagens escritas utilizadas pelas civilizações andinas antigas - nm.

para fora desses grandes olhos, mostram-se tais quais os machos desejosos de atrair as fêmeas.

Wanka falava de uma forma amena, alegre; sua expressão sorridente denunciava o bem-estar que o invadia naquele local, apesar das apreensões do momento.

– Aqueles que se deixam guiar apenas pela inteligência são frios, às vezes áridos ou mesmo grosseiros, parece que não têm nada que fulgure, nada que lhes ilumine o rosto e o olhar de forma especial, não encontram regularidade e constância em sua vida interior. Há também aqueles que exageram na visão sentimental da vida, são dramáticos em excesso, sensíveis em excesso, melancólicos ou alegres em excesso, acham tudo maravilhoso ou nada os agrada, mas em excesso. A ciência e o amor são o equilíbrio um do outro, como um par bem afinado, se completam sendo diferentes entre si. Quando privilegiamos um desses lados e esquecemos o outro, andamos em uma faixa de desequilíbrio, quebramos a lei de harmonia que os colocou juntos em nosso ser. Estou lhe dizendo isso para que você não conclua, de forma emocional, que sou algum tipo de enviado divino. Sou alguém em essência exatamente igual a qualquer um; o que nos diferencia são as experiências que construímos livremente no tempo de nossa existência. Pense em tudo quanto conversamos, desde que Atipaj a levou à minha escola, busque equilibrar o amor no conhecimento, ouça sua razão e seus sentimentos.

Naira parou e contemplou seu acompanhante, pensando em tudo que ouvira e, recordando os fatos e preocupações que dominavam o ambiente do império, as revelações que ouvira de Sariri e do próprio Wanka, disse:

– Entendo, Wanka. Noto à minha volta pessoas com esses comportamentos; aliás, é raro encontrar quem viva com harmonia e equilíbrio essa realidade binária. Percebo que em ambos os casos essas pessoas são perigosas para si mesmas e para os outros. Há nelas uma espécie de descontrole, de falta de limites.

– Você é uma aluna muito perspicaz, deduziu perfeitamente as conseqüências dos conceitos que referi. Está aproveitando verdadeiramente bem seu tempo. Eu lhe disse que todos somos formados da mesma essência, o que nos iguala. As diferenças são criadas por nós, conforme utilizamos o tempo e a liberdade. Além disso, há um outro fator a explicar as diferenças, que justamente é o tempo de vida espiritual que contamos, número de encarnações que já vivenciamos. Somos seres imortais, ligados a um corpo sujeito ao nascimento e à morte, como espíritos cada qual surgiu a seu tempo, portanto não possuímos exatamente a mesma... idade, digamos assim. Eu fui criado muito tempo antes de você, trago acumuladas em mim experiências antigas, algumas vezes de doloridas recordações; então, não é de esperar que todos pensem, sintam e ajam da mesma forma, e é medida de equilíbrio ouvir os que têm mais experiência e também aqueles que têm menos, pois podem ter desenvolvido bastante sua inteligência e sensibilidade, avançando em pouco tempo o que muitos avantajados que os precederam não conseguiram. Assim, nos mantemos integrados ao meio em que vivemos e podemos discernir com lucidez.

– Ajuda a entender as diferenças e as causas de alguns conflitos. É como alguns dos povos que pedem auxílio ao nosso império, são jovens, fracos e sem experiência, ganham muito se unindo a outro mais experiente. – ajuntou Naira, com o olhar mergulhado na contemplação daquele belo e etéreo ambiente.

– Exatamente, você encontrou um bom exemplo, muito prático. Agora, vamos nos apressar e encontrar Sariri ou ela ficará preocupada – disse Wanka, tomando a mão de Naira e conduzindo-a rapidamente pela agradável trilha até um prédio alto, em forma de pirâmide, com uma grande escadaria na frente.

– Que belo local!

– É uma de nossas escolas, Naira, a chamamos de Caminho da Paz – esclareceu Wanka. E, vendo Naira indecisa à porta, incentivou: – Venha, não tema. É apenas um local de estudos e meditação, onde encontramos nossos mestres e amigos que nos precederam no regresso ao nosso mundo de origem.

– É lindo, mas me parece estranhamente familiar, como se conhecesse prédios iguais a este. É estranho!

– Não, Naira, não é nada estranho. Existem muitas edificações semelhantes a esta na Terra. Em outras vidas, é provável que você tenha conhecido algumas delas.

– Sinto como se elas fossem sepulcros, sinto-me sepultada em um deles. Imagens desconhecidas invadem a minha mente. O que faço, Wanka?

– Fique tranqüila. São recordações de outras experiências vividas na matéria, elas despertaram porque você está emancipada de seu corpo; assim, ganha liberdade de ação e os efeitos da matéria são mais facilmente superados, permitindo a manifestação das lembranças. Aceite, simplesmente. Tudo que você ver, ouvir ou sentir são coisas que pertencem ao passado e lá devem ficar. Para você bem conviver e aprender com as revelações e emoções de um passado tornado presente é preciso ter muito firme dentro de você o conhecimento das coisas do espírito, caso contrário melhor será deixar que todas as coisas fiquem enterradas, aguardando a oportunidade de virem à luz como mensageiras de verdades maiores e de saúde. Agentes de perturbação, basta os do presente – comentou Wanka, sorrindo para Naira. Depois, observando-a silenciosa, questionou: – Então, que me diz, vamos subir?

– Claro, foi apenas um medo bobo, sem qualquer significado – tranqüilizou Naira. – Sei que na companhia de Sariri e na sua, nada de mal poderá me acontecer.

Vendo Sariri parada ao lado da entrada do prédio, Naira endereçou-lhe um amplo e sincero sorriso e dirigiu-se até ela, seguida por Wanka.

– Pelos deuses, pensei que não chegariam mais – brincou Sariri. – Venha, Naira, vou lhe mostrar nossa escola.

Eles percorreram o interior do prédio, descobrindo câmaras e corredores que serviam ao único propósito de acolher os exilados e auxiliá-los no estudo e compreensão das verdades imutáveis da vida.

– Estudamos as coisas perenes, buscamos os valores imorredouros, aprendemos a encontrar nossas fontes de saber descobrindo tanto o universo interior, quanto o exterior – explicou Sariri.

Naira acompanhava a tudo embevecida, cheia de curiosidade, mas, em verdade, com assimilação parcial dos conceitos que via e ouvia. Wanka, atento à jovem, lhe dava explicações, informações e chamava seu interesse para o que passava despercebido.

– É um mundo novo demais para mim, custo a crer que realmente exista – comentou Naira, quando enfim eles se acomodaram em uma ampla câmara, cujo teto e paredes eram decorados com desenhos dos astros, de harmonioso e discreto colorido. – É tão lindo! Parece mesmo um sonho.

– Você está parcialmente afastada de seu corpo, Naira – lembrou Wanka. – Enquanto ele jaz adormecido às margens do rio sagrado, você está aqui conosco. A essência real é o ser espiritual, o corpo é temporário, transitório. A matéria, um reino repleto de ilusões que serve para o despertar do espírito, para aprendizado, tal qual se faz com as crianças a quem se ensina com lendas e brinquedos. Desvendar as ilusões que cercam a vida material, aprender a dominá-las e passar a ver o que existe além delas é o processo de crescimento que a Terra oferece. Infelizmente, ainda é lento, pois muitos espíritos nela encarnados se deixam enredar pelas paixões e ilusões que o corpo e a vida material oportunizam, esquecendo o espírito e a verdade. Demoram a despertar e amadurecer. Muitos atingem a idade adulta e mesmo a velhice sem terem ao menos tocado levemente a ponta do véu que encobre a realidade e a ilusão, são espíritos infantis em corpos velhos, razão de se ver muito sofrimento sem causa, e aparente desperdício ou mau aproveitamento da oportunidade que a experiência física encerra. Porém, uma das grandes verdades que estudamos é que cada coisa tem seu tempo, e não é boa medida forçar o despertar de uma consciência.

– É neste lugar que você busca o conhecimento que ensina aos seus aprendizes? – perguntou Naira.

– Aqui, aprofundo e esclareço minhas próprias experiências e o aprendizado que retiro delas – Wanka aproximou-se de Naira e acariciou levemente seu rosto, compreendendo que ela ouvira, mas não compreendera exatamente tudo o que dissera; fixou seu olhar com firmeza e carinho e voltou a explicar: – Nenhum conhecimento é válido se não estiver solidamente sustentado em nosso interior. Temos duas formas de aprender: uma é o estudo das coisas que vêm de fora, dos objetos que nos cercam, da realidade que vivemos e até mesmo das experiências de nossos antecessores: são a linguagem, a história, a educação social, a astronomia, as artes das guerras, os conhecimentos de saúde, enfim, tudo o que nos é apresentado por outro vem de fora; foi descoberto e explicado por outra pessoa, tem um longo caminho até se sedimentar em nosso interior. Ele informa o nosso caráter, nos diz o que pode e o que não pode em certo momento, o que tem viabilidade ou não, mas nem sempre será ouvido, por não encontrar eco em nosso interior. A outra forma é estudar o que vem de dentro – parece estranho, eu sei, dizer que necessitamos ouvir nossos pensamentos, mas o que isso significa é que precisamos nos dar um momento de convivência conosco, de descobrimento de quem somos, onde estamos e para onde pretendemos ir e isso só é possível quando sentamos diante de nós mesmos e conversamos. É o que faço na Yachahuausi todas as manhãs. Quando exercitamos essa descoberta pessoal, começamos a conhecer e identificar nossos sentimentos, por que e como surgem, de que maneira melhor trabalhar com eles. São conhecimentos que aprimoram nossa existência, nos tornam mais felizes porque já não nos iludimos tanto, não somos dominados pelas paixões que existem em nós e, também, sabemos transitar com mais segurança pelos domínios da matéria; vamos, progressivamente, nos tornando senhores da experiência, condição daquele que é desperto, não sofre mais se deixando levar pelos acontecimentos e necessidades, mas os olha sob outra perspectiva, sabendo aceitar a contingência da experiência material com controle para transformar, mudar o que seja possível, e, com a serenidade, a compreensão de deixar como está o que ainda não oferece condições de mudança e, portanto, precisa ser como é.

– Tudo o que você me ensinou em nossos encontros foi pouco diante do que está me dizendo agora, mas custo a entender – disse Naira. E, apressada, completou: – Não que eu duvide de você, não se trata disso, é que realmente tenho dificuldade de assimilar essas idéias.

Sariri, que acompanhava a explicação de Wanka, julgou oportuno interferir.

– Naira, você está exemplificando, sentindo o que Wanka lhe falou. Ele estava lhe transmitindo ensinamentos que, para você, vinham de fora – são frutos da experiência dele. Você ouviu, tem ciência dessas idéias, mas elas não têm ainda raízes em sua alma. Fique tranqüila, sabemos que muitas coisas aqui são absolutamente novas e estão fora até mesmo de sua vivência sensorial comum, mas sabemos que há condições de assimilar a idéia principal; o restante você fará ao longo do tempo que tem à frente, certo?

– Sariri percebeu com muita clareza a sua situação. Ela tem razão, precisamos aproveitar o tempo para a essência da nossa reunião, mas pense no que lhe falei. São idéias que vão surgir repentinamente quando você retornar ao corpo, ouça-as e aproveite para começar a busca por suas fontes de saber interior – sugeriu Wanka.

– Se isso me aproximar de vocês, tenham a certeza de que buscarei todas as fontes – respondeu Naira.

– Venham – chamou Sariri. – Vamos ver um pouco dos quatro cantos do mundo.

Sentados em torno de uma mesa sobre a qual estava suspenso um grande astro azulado com recortes em tons marrom e verde, Sariri dirigiu-se a Naira, informando:

– Este é o planeta que nos serve de moradia, no momento. É a Terra.

– Parece com um ovo, é redonda! – exclamou Naira, admirada. – Nunca pensei no formato da Terra. Mas como suas cores são belas.

– Descobrindo o formato da Terra, você descobriu que não há possibilidade de haver nada abaixo nem acima e essa forma não permite a existência dos chamados "cantos do mundo". Além disso, é preciso que você saiba que o planeta abriga milhares de hóspedes – comentou Wanka, com um sorriso misterioso na face.

– É isto que você estava querendo me dizer agora há pouco? – perguntou Naira a Sariri, que em resposta simplesmente aquiesceu, baixando levemente a cabeça. E a jovem prosseguiu: – Há outros povos, vivem na selva ou às margens de alguns rios. Já os vi, vêm nos visitar, pedem ajuda quando não sabem tratar alguma doença, mas são amigos, por que iriam ameaçar nosso império?

– Eles não são os únicos, Naira – respondeu Sariri. E, tomando a representação do astro terrestre que pendia sobre a mesa, começou a mostrar e a explicar à jovem sobre os povos que viviam além-mar, falou das regiões desenvolvidas do Oriente, dos que viviam nas regiões geladas, dos povos nômades dos desertos, do continente africano, dos povos que guardavam certa identidade cultural como os da América Central, da Ásia e de outras civilizações da antiguidade; por fim, falou-lhe dos povos além-mar, do continente europeu e sua forma de viver. – Eles agora se lançam à navegações para descobrir e conquistar terras de onde possam extrair riquezas. Vivem bastante iludidos com as coisas da matéria, apesar dos enormes esforços que faz a espiritualidade para despertá-los para as verdades eternas; têm ganância por ouro e estabeleceram a competição entre eles e, nessa espécie de jogo, é o vencedor aquele que possui mais metais preciosos, como ouro e prata, pedras preciosas e coisas do gênero. Esse modelo rege pessoas, famílias e povos inteiros.

– Ouro! Prata! – exclamava Naira, surpresa, olhando seus braceletes e levando a mão ao pescoço, tocando o grande colar de ouro e prata que a identificava como accla do sol. – Então é isso? É por esses metais, pela posse deles que somos ameaçados? Mama Quilla, ajude-me! Não posso compreender que homens desejem destruir a obra divina em troca de metais, de objetos de adorno que usamos para agradar o Criador.

– Naira – interveio Wanka –, é preciso ver que esses povos não pensam da mesma forma. Lá onde vivem não se usa ouro e prata com a mesma finalidade que no Tahuantinsuyo; entre eles o metal é valor de troca, dependem dele para sobreviver, para comer, vestir, ter onde morar. E, além disso, a posse do metal lhes confere posição na sociedade em que vivem, com ele adquirem desde terras até outras pessoas.

Naira olhava estupefata para o globo terrestre à sua frente, suas mãos ainda mantinham-se em torno do grande colar com a representação dos deuses Inty, em ouro, e Mama Quilla, em prata, cercados de lindo trabalho em ourivesaria; era-lhe custoso assimilar as palavras de seus amigos.

– Há como ver essas coisas de que me falam? Eu não consigo imaginar que se viva de tal maneira. O Criador nos deu tudo que há na Terra para usarmos e cuidarmos, nada falta, há como todos viverem e retirarem dela o necessário a seu sustento e sobrevivência; como pode ser que precisem guerrear, destruir, simplesmente para apossar-se disso? – Naira mostrava as jóias que a adornavam. – Sem elas, eu continuo sendo a mesma pessoa. Nas cenas de minhas visões havia seres, de aspectos diferente, suas roupas eram estranhas, duras, como couraças, e eram de metal, usavam escudos e coisas que não sei definir e lutavam contra o nosso povo, e eu os via, realmente, arrancando nossos colares e braceletes, roubando nossos templos e os olhos deles brilhavam, não davam nenhuma importância às mulheres e crianças que ficavam caídas chorando, machucadas.

Wanka aproximou-se da jovem e, colocando o braço protetoramente sobre seus ombros, disse amistosamente:

– É possível. Lembra do que lhe disse sobre as fontes de nosso saber? Para que tudo o que lhe dissemos encontre eco e sustentação em você, surge o desejo, a necessidade de experimentar, de saber por si, de conhecer à custa da própria experiência. Nós vamos acompanhá-la aos lugares onde eles vivem. Poderá ver por si mesma o que lhe falamos.

– Mas antes disso, Naira, quero que você lembre que todas as coisas estão sob o domínio e o controle do Deus supremo. Confie que todas as deliberações contribuem para o crescimento, mesmo as destrutivas e ditas de índole má, pois a seu tempo mostram aos homens os caminhos de ilusão que trilharam e o sofrimento que angariaram com esse proceder. A dor, muitas vezes, os desperta. Portanto, guarde a sua paz, não se perturbe nem se revolte com a forma como vivem os outros, deixe-os, a vida se encarregará de dar-lhes o rumo certo, de acordo com suas condições. Você apenas pode auxiliar mostrando sua forma de pensar e agir com sinceridade, sendo verdadeira e autêntica – recomendou Sariri, encarando os grandes e assustados olhos da neta.

– Lembrarei de suas palavras.

– Recorde também que, apesar das distâncias e aparentes diferenças, há uma igualdade e os homens desses povos distantes também têm seus gigantes internos, também têm suas cavernas. Isso a ajudará a compreendê-los – sugeriu Wanka apertando-a levemente, com o intuito de transmitir-lhe confiança. – E os gigantes do amor e do dever são os que existirão para sempre no espírito. O medo e suas manifestações, a ira com seu séquito de ódio, inveja e outras formas acabarão sublimados e desaparecerão, mas o amor e o dever regem e regerão os destinos de todos nós. É apenas uma questão de amadurecimento, para os descobrirmos e vivermos livres dos outros. Nesse dia, então, tudo será diferente para nós e à nossa volta. Nosso belo astro azul terá a tonalidade de uma safira exposta aos raios solares.

Naira sorriu, deixando o brilho de seu olhar falar da esperança que as palavras de Wanka despertavam em seu íntimo.

Em silêncio, os três se afastaram do prédio. Abraçada a Sariri e Wanka, a jovem accla prosseguiu a jornada, conhecendo as terras do reino de Castela, sob o governo dos reis católicos.

CAPÍTULO IV

NA ESFERA DOS SONHOS

"Crede, enquanto o corpo repousa, o espírito dispõe de mais faculdades do que na vigília. Tem o conhecimento do passado e, algumas vezes, previsão do futuro. Adquire maior energia e pode estar em comunicação com os outros espíritos, seja neste mundo, seja em outro. Muitas vezes, dizes: tive um sonho bizarro, um sonho horrível, mas que não tem nada de verossímil; enganas-te, é freqüentemente uma lembrança dos lugares e das coisas que viste e verás em uma outra existência ou em um outro momento."

(Allan Kardec. *O Livro dos Espíritos*, q 402.)

– Que experiência divina! – comentou Naira alegremente quando davam os primeiros passos sobre o solo espanhol. – Sariri, eu irei me lembrar destes momentos quando retornar ao corpo?

– Imediatamente você não recordará a íntegra dessa jornada. Lembrará de mim, de Wanka, de passear conosco em meio a jardins, depois virão, possivelmente, imagens desconexas e sem sentido, mas guardará, com certeza, as emoções que está vivendo nestes momentos. E em função delas dirá que teve uma noite boa, feliz, agitada ou agoniada, conforme o que marcar mais a vivência. Do que conversamos recordará partes, apenas uma ou outra frase essencial permanecerá registrada e ultrapassará os limites impostos pela matéria.

– Se não vou lembrar, de que serve tudo quanto estamos fazendo?

– Não seja apressada – advertiu Sariri, despertando um largo sorriso em Wanka, que observava a conversa das duas em silêncio. – Nunca dissemos que você não recordaria os fatos. Dissemos que a lembrança não seria imediata. Tudo o que verás hoje voltará à tua mente em estado de vigília no momento certo. É preciso aguardar com fé e amor, munasqa.

Com a confiança que a caracterizava, Naira sorriu e, obediente, seguiu com Wanka e Sariri, que iam chamando sua atenção para as diferenças e pontuando as descobertas que ela fazia com esclarecedoras explicações.

Circularam por uma cidade medieval, com suas mansões, castelos, sistemas de segurança, imundície, pobreza e violência típicas. Visitaram a zona rural, vendo o fausto dos senhores e o cansaço e a miséria dos camponeses. Observaram as vilas, com os párias daquela sociedade de castas e, de novo, as desigualdades claramente manifestas.

Encerrando o passeio, procuraram um recanto em um vale, à beira de um rio que descia cascateando do alto de uma montanha. Sentaram-se na relva e Sariri indagou:

– Como lhe parece, Naira, a vida desses homens?

– É triste. Muito triste! Não há justiça entre eles. São ambiciosos e violentos. Vi fadiga e exploração, fartura e tédio; não há equilíbrio na distribuição do trabalho e todos parecem dominados pela ânsia de possuir algo que, sinceramente, avó, não soube identificar o que seja. Achei triste e pobre a vida que levam. Vi altares e o brilho do ouro e das pedras preciosas, mas a adoração dos sacerdotes e do povo não transcendia, pareciam adorar exatamente o que viam à sua frente e estava ao alcance das mãos, não compreendiam a representação simbólica. Seus deuses são estranhos para mim, entretanto, julgo que representem o mesmo que são Viracocha, Inty, Mama Quilla e os outros para nós.

– Você fez uma boa análise do que viu, menina. – Lançando um olhar a Wanka, provocou sua participação na conversa: – E você, Wanka, que me diz da vida desses homens?

– São pobres tiranos de si mesmos. Vivi muitas vidas, em muitos lugares – respondeu Wanka, dirigindo-se a Naira e não a Sariri. – Tenho aprendido muito. Já fui igual a eles e sei o que sentem. São dominados pela ânsia que você falou, querida. É a ânsia dos prazeres materiais e, para satisfazê-los, precisam do ouro, que entre eles é a forma de troca, atribuem um valor conceitual a ele, assim como já o teve o sal em outros tempos e, no futuro, representaram de outra forma. De posse desse valor, eles têm acesso a satisfação de seus desejos e a usufruírem os prazeres que lhe são correlatos. Vivem nessa ânsia constante porque não reconhecem que os prazeres nos quais se viciam são tão fugazes quanto o brilho de uma estrela cadente. Por minutos de transitória satisfação, são tiranizados pelos prazeres que o corpo conduz e morrem com ele, deixando-os vazios da verdade. Por serem tiranos consigo mesmos, tiranizam os outros e formam todo um sistema social marcado por suas imperfeições, tornando esses locais injustos, violentos, pois os que estão nas posições mais baixas dessa pirâmide carregam o peso maior e sofrem maior carga de tirania. É uma escola duríssima,

Naira, onde o espírito precisa aprender que, para viver e crescer, pode prescindir de muitas coisas nas quais se viciou. Acho que sua principal lição é a de aprender a não fazer do corpo um tirano do espírito no trato com as coisas materiais. Infelizmente, às vezes precisamos ser tiranos e tiranizar, para depois aprender a separar a verdade da ilusão. É amargo retornar à vida espiritual após essas fracassadas experiências e sentirmos toda a força das imperfeições cultivadas, as ânsias e o vazio que realmente deixam na alma.

– São animais! – exclamou Naira. E, vendo a desaprovação no olhar de Sariri, baixou a cabeça envergonhada, mas não disposta a retirar as palavras que expressavam sua opinião.

Vendo a atitude daquela que fora sua neta na vida material, Sariri riu, enchendo o ar com o som cristalino e alegre; estendeu a mão tocando o queixo delicado da jovem e, erguendo seu rosto, disse:

– A sinceridade é uma virtude, Naira, deve ser cultivada. Esta foi a sua opinião, eu a respeito. Não confunda a expressão de seus pensamentos com julgamentos e grosseria. Você não agrediu, simplesmente está chocada com as diferenças que viu e expressou seus sentimentos. Um julgamento também seria uma condenação absoluta e não foi isso o que ouvi, você fez uma constatação. Erga a cabeça, munasqa, ou, caso contrário, se permanecer fixando o solo, se parecerá com eles. Você vive um degrau além da experiência desses nossos irmãos.

Notando ainda um constrangimento na accla, Wanka comentou:

– No passado distante, Naira, vivi num país onde se cultivavam valores de cultura, ciência, arte e sabedoria. Nessa época, muitos dos nossos companheiros exilados ainda estavam na Terra. E, lá, um sábio falou algo muito parecido com o que você disse, referindo-se aos homens que são dominados pelas posses materiais.

– O que ele ensinou, Wanka? – perguntou Naira, interessada.

– Que os homens que vivem longe da experiência da sabedoria e da virtude, que buscam incessantemente os prazeres e vivem quase que com exclusividade para satisfazê-los, se assemelham aos que vivem em regiões baixas e não conhecem a beleza de contemplar as coisas do alto; quando avançam um pouco, subindo alguns metros, julgam ver o alto e acabam de novo retornando à zona onde primeiro habitaram. Assim passam a vida, descendo e subindo, sem nunca chegarem às alturas, sem realmente serem cheios do Ser; não descobrem nem cultivam as virtudes e, portanto, nunca experimentam o prazer sólido e verdadeiro. Ele os comparava aos animais, assim como você fez, pois vivem com os olhos sempre voltados para baixo, de cabeça inclinada para a terra e para a mesa, pastam na pastagem gorda e acasalam-se; e, para satisfazerem ainda mais seus apetites e desejos materiais, que deixam se tornarem insaciáveis, escoiceiam, batem-se com seus chifres e matam-se uns aos outros no furor desses apetites insaciáveis, porque não encheram de coisas reais a parte real e imortal de si mesmos.[1]

– Cada vez vejo mais tristeza na forma como vivem esses seres – comentou Naira.

– Vivem uma alternância de estados de dor e prazer – explicou Sariri. – Num mundo interior dominado por conceitos ilusórios, cheios de sombras e esboços do verdadeiro prazer. Como disse Wanka, é uma das muitas escolas que a Terra oportuniza. Como espíritos imortais, nos aperfeiçoamos exercitando o aprendizado da verdade. A matéria nos oferece a prova da ilusão, onde temos que distinguir a verdade descobrindo e desenvolvendo em nós a essência, o ser espiritual e a vida imortal, maior que o espaço entre o nascimento e a morte, e tudo aquilo que pode nos acompanhar nessa jornada em busca dos mundos mais avançados.

– E o que fazer? Viverão assim por quanto tempo? – questionava a jovem, com o olhar refletindo o íntimo estado de pesar pelo que vira.

– Manter sempre acesa a chama da esperança, Naira. A fé dá

[1] Referência a Sócrates e à doutrina exposta no livro *A República*, de Platão - nota do autor espiritual.

força ao ser humano para erguer a cabeça e desvendar as formas superiores de viver, mas a esperança é o que o sustém nesses mundos difíceis; é ela que nos ampara nas doenças ainda sem tratamento, nas separações de nossos familiares e amigos; nos momentos mais cruciais da vida é a esperança que nos lembra a importância da fé. Você dedica sua vida ao nosso povo, fale a eles da esperança. Viverão momentos dolorosos no futuro próximo, lembre de dizer-lhes palavras que elevem sua disposição; não cultive na fala a exortação de dificuldades e sofrimentos, disso cuidam aqueles que são inconscientes da verdade e da tarefa de espiritualização. Cultive a esperança, fale do bem, do amor, desperte neles o desejo de viver ou de conhecer a vida com novos olhos. É dessa forma que abreviamos o caminho entre, como você disse, uma visão animal da existência para uma visão espiritual. E, como agimos conforme pensamos e sentimos, para que se modifique a organização social que você vislumbrou esta noite é preciso que mudem os homens que a integram e constroem.

– Viverão assim até que aprendam – concluiu Naira, bastante desolada. – Isso poderá demorar muito.

– Sim, não há um prazo demarcado para cada um fazer o seu aprendizado. É um processo individual, único e intransferível, como somos cada um de nós – complementou Wanka. – Aí está a justiça do Criador, Naira, que dá a cada um o que necessita ao tempo certo e deixa que aprendamos por experiência pessoal o caminho que nos conduzirá a uma vida melhor. Lembra nossa conversa no caminho para a pirâmide?

Naira balançou a cabeça concordando e carinhosamente olhou para Wanka, depois para Sariri e então disse:

– Obrigado, meus amores. Seja qual for o motivo por que a mim foi dado conhecer todas essas coisas, entendo que deve ter um fim útil e prometo que farei bom uso.

Wanka e Sariri trocaram olhares de satisfação e se ergueram, estendendo ao mesmo tempo a mão num convite para auxiliar Naira a subir.

Ela olhou os dois seres que amava e admirava e, em tom alegre, comentou:

– Terei que crescer de uma forma ou de outra, com ambos me puxando para cima.

– Venha, querida, mas não se apresse; ainda que demore muito, eu esperarei por você – respondeu Wanka.

Naira deu-lhe a mão e logo estava de pé; erguendo a face, contemplou o olhar brilhante de Wanka, que carinhosamente disse:

– Você é minha pequena estrela de olhos grandes caída na Terra; ainda que eu me vá, uma parte grande de mim fará com que eu volte para ficar a seu lado.

Enternecida com as palavras do companheiro, Naira o abraçou amorosamente, encostando a face em seu peito e murmurando baixinho:

– Não fale assim, sei o quanto você quer partir, o quanto sente a ausência de seus amigos que regressaram, não desejo ser a razão da permanência do seu sofrimento. Vá e me espere em um lugar melhor, onde as lições que vocês ensinaram ao meu povo sejam exercitadas.

– Naira, assim como agora, durante as noites, eu olho as estrelas à procura dos meus amigos; se eu voltar para lá, sei que ficarei olhando a Terra e pensando em você.

– Quando eu parti da cidade sagrada, você me disse que continuaríamos a nos ver e foi verdade. As separações não são definitivas.

Sariri, que acompanhava a cena a certa distância, braços cruzados e olhar complacente, por fim resolveu interferir e dizer:

– Meus queridos: a cada dia, sua escolha, seu prazer e sua dor. Não antecipem o dia de amanhã e o que ele lhes trará. Precisamos retornar.

Concordando com as palavras de Sariri, o casal trocou sorrisos com a amiga e no olhar de ambos fulgurava o brilho da esperança. Contemplando o infinito e o tempo abraçados, acreditavam que o amor era capaz de unir dimensões, mundos e fundir os anos num amálgama duradouro, onde não se saberia dizer qual havia sido o primeiro elemento.

No retorno ao acampamento Naira despediu-se dos companheiros, guardando consigo as lições que marcaram seus sentimentos.

Quantos "mistérios" encerra um simples corpo adormecido! Quanto ainda há a ser explorado e descoberto na infinita capacidade de aprender, experimentar e viver que usufruímos como filhos do Criador.

***

Os guardiães do acampamento viam simplesmente a jovem accla, recentemente agraciada com a confiança do Inca em seus dons espirituais, candidamente adormecida como todos os demais.

Enquanto zelavam pela segurança da comitiva, os guardas revezavam-se alimentando as fogueiras e bebendo chá quente.

Próximos ao local onde dormia o Inca, dois guerreiros altos e fortes descansavam à beira do fogo; haviam acabado de retornar da ronda pelo acampamento e arredores, constatando a normalidade e a segurança da comitiva. Aparentavam contar entre 35 e 40 anos, cabelos escuros à altura dos ombros, rostos de expressão forte e determinada, peles bronzeadas pela vida ao ar livre e corpos musculosos, característicos dos guerreiros. Vestiam roupas de lã de lhama, de cores fortes; largados ao lado deles, as rústicas armas do povo inca.

– A situação está se tornando difícil – dizia Kallpa[2], o chefe da guarda pessoal do Inca. – Não gostei das notícias trazidas pelo chefe Condor.

– Nosso exército é bem treinado e muito valente, é fiel ao império, não acredito que Athaualpa tenha seguidores entre nós – retrucou Kara[3], membro da guarda de confiança do chefe.

– Ainda assim, Kara, estou preocupado. Ouvi as previsões dos sacerdotes. Nosso povo tem sido avisado há muitos anos, sinto-me agoniado com a aproximação dessa provação. Sabemos que

[2] "Com Força" - nm.

[3] "Pelado" - nm.

Huáscar é inseguro e inexperiente para lidar com uma guerra. E, no fundo, eu sinto que é algo diferente.

– Você está se deixando contaminar pelas apreensões dos sacerdotes e da realeza. Tudo o que de fato existe é a insatisfação de Athaualpa e sua vontade de tomar o lugar do Inca. Uma atitude infeliz e que mereceria ser punida; ele está quebrando as regras de conduta do nosso povo desde os tempos antigos. Huáscar é o filho legítimo, é dele por direito a responsabilidade de conduzir o império.

Kallpa fitou pensativo as labaredas da fogueira e voltou a sentar-se sobre o tapete de lã, abraçando os joelhos, ao lado de Kara.

– Tenho pensado em propor ao Inca que determine a um grupo de guerreiros experientes que se lance na caça a Athaualpa e seus seguidores, encerrando esse fato com uma punição exemplar – confidenciou Kallpa.

– É uma medida justa e sábia – afirmou Kara, passando o chá ao chefe. E, incentivando a idéia, prosseguiu: – Acabaria com as desordens que ele tem provocado em muitos povoados. Não é conveniente deixar que se perpetue a ação dele, é mau exemplo.

Kallpa ficou silencioso, recordando velhas experiências como chefe do exército Inca e da guarda pessoal do imperador. Kara, entendendo a necessidade de o chefe meditar, estendeu-se sobre os tapetes e adormeceu.

Amanhecia quando Kallpa finalmente ergueu-se e, decidido, marchou até o local onde o Inca se encontrava. O acampamento despertara e movimentava-se para retomar a viagem.

Huáscar ingressava na liteira quando Atipaj se aproximou, saudando-o e dizendo:

– Kallpa pede para lhe falar com urgência.

– Houve alguma coisa durante a noite?

– Perguntei isto a ele, Inca, e segundo me respondeu, a noite foi tranqüila – respondeu Atipaj.

– Qual é o assunto?

Atipaj voltou-se para Kallpa e repetiu a pergunta.

– Preocupam-me as desordens que Athaualpa tem feito e quero permissão para mandar prendê-lo. Não é seguro nem conveniente que ele permaneça livre, é mau exemplo para o povo, deve ser punido.

Atipaj ergueu a sobrancelha ante a proposta de Kallpa e, particularmente, julgou-a correta e necessária; apoiaria o pedido do chefe do exército. Transmitiu ao Inca as informações que recebera e notou que ele fechou a expressão do rosto; seu olhar demonstrava preocupação e, para que não vissem que vacilava, baixou os olhos, entrou na liteira, acomodou-se e voltou a falar:

– Pensarei na proposta até chegar a Cuzco. Lá reunirei o Conselho do Império para decidir o assunto.

Atipaj encarou o Inca e depois baixou a cabeça em sinal de obediência e repassou as palavras ao chefe do exército.

Kallpa, visivelmente decepcionado, baixou a cabeça; esperava uma decisão imediata. O sacerdote aproximou-se dele e, tocando seu braço, disse:

– Boa proposta. Eu a apoiarei, falarei com os quatro conselheiros, tenho certeza de que até o fim do dia você poderá tomar as providências.

– A experiência me ensinou, Atipaj, que a demora na ação em certas circunstâncias é a maior inimiga: além de enfraquecer um exército, fortalece o outro.

– Não exagere, Kallpa. O grupo que acompanha Athaualpa não passa de um bando, não pode ser comparado ao exército Inca.

– Temos guerreiros treinados mas, Atipaj, todo jovem é treinado no exército. Ainda que por poucos meses, é um treinamento e eles não são ingênuos. Athaualpa está insuflando a revolta, principalmente naqueles que são agregados ao império e não compreendem integralmente nosso pensamento. Considero preocupante que o deixemos agir livremente e quanto antes partirmos para enfrentá-lo, melhor.

Atipaj considerou as idéias de Kallpa e novamente concordou; batendo-lhe amistosamente no braço forte, disse:

– Apressemos o passo, meu irmão. Chegarmos rapidamente a Cuzco tem agora mais urgência. Não conseguirei, neste momento, fazer o Inca Huáscar mudar sua decisão, mas na capital reafirmo meu empenho em apoiar seu pedido.

Kallpa encarou o sacerdote e, resignado, fez um gesto mostrando que desejava se afastar. Atipaj segurou-o nesse instante e pediu:

– Quando chegarmos à capital vamos juntos conversar com os conselheiros?

– É claro. O encontrarei assim que verificar a situação geral do exército e quais informações temos quanto à localização de Athaualpa.

– Muito bem, eu o aguardarei no templo.

Minutos depois a caravana punha-se a caminho da capital. Naira, silenciosa e pensativa, tinha um brilho vago no olhar. Acordara cedo naquela manhã com o barulho do acampamento e a pressa de chegar à cidade que tomava todos os caravaneiros.

Andava ao lado da Mamacomas, a mulher responsável pela instrução das acclas do sol. Chamava-se Kusisa[4] e era apenas uma accla experiente quando recebera Naira, ainda menina; lembrava-se da criança assustada que a jovem fora.

No dia em que os pais a entregaram a Mamacomas, que a havia precedido, vira os grandes olhos da menina perscrutarem to das as coisas novas.

A capital, com seu movimento e as grandes construções, haviam sido para a menina uma grande novidade, e o prédio ocupado pelas acclas era belo e imponente; trabalhavam muito, mas tinham todo o conforto e beleza que a posição destacada que ocupavam na sociedade lhes conferia.

Kusisa, agora uma mulher beirando os 50 anos, se aproximava da hora de entregar a função de guia das acclas do sol a uma vir-

---

[4] "Alegre" - nm.

gem mais nova. A escolhida era Naira, pois desde o início havia nascido uma forte amizade entre elas e fora Kusisa a encarregada de educá-la.

Ambas aprenderam a se conhecer profundamente e a respeitarem-se como irmãs. Kusisa logo descobriu a sensibilidade da protegida, suas visões e a maturidade precoce da criança.

Naira admirava a sensatez, o equilíbrio, a natureza gentil e carinhosa de sua guardiã, que em vários momentos de sua vida foram providenciais e à qual se devia a segurança manifestada na sua personalidade adulta. Fora nos primeiros anos da iniciação de sua protegida que Kusisa assumira a posição de Mamacomas; contudo, prosseguira sendo a sua guardiã e, agora, ela ocupava a função de auxiliar e substituta natural.

– O que há com você, naña[5]? Está muito calada esta manhã – comentou Kusisa dirigindo-se a Naira.

– Não sei, Kusisa. Acordei com uma sensação de leveza e bem-estar, mas conforme o dia avança parece que há algo que me incomoda, uma sensação estranha de haver esquecido coisas importantes; revistei meus pertences e não falta nada. Ao mesmo tempo, a lembrança de Sariri ronda meu pensamento, acho que porque sonhei com ela a noite passada.

– Sariri é uma alma cheia de sabedoria e amor. O que ela lhe disse?

– Foi um sonho vão, sem importância. Lembro-me apenas de passear com ela em um local lindo, muito sereno. Wanka estava conosco, mas não recordo nenhuma palavra, são apenas imagens e depois tudo se torna confuso, cenas estranhas de coisas que nunca vi. Foi apenas um sonho.

Kusisa a ouvia com atenção e comentou:

– Os sonhos são portas para a verdade, naña. Através deles podemos entrar no mundo das almas que nos cercam, conversar

[5] "Irmã" - nm.

com nossos antepassados ou mesmo descobrir coisas a nosso respeito que não admitimos facilmente quando presos à carne.

Naira baixou a cabeça. Conhecia os ensinamentos, acreditava neles por experiência pessoal, mas naquela manhã tinha dificuldade especial em entender o que se passava, estava confusa com suas sensações e emoções.

Notando no rosto de sua protegida as emoções que carregava no íntimo, Kusisa sorriu e, pousando um dos braços sobre seus ombros, falou carinhosamente:

– Na hora certa tudo se tornará claro para você, Naira. Não se torture, aproveite a beleza da manhã; não é sempre que temos oportunidade de andar no vale sagrado, deixe-se encher da energia que há aqui.

Naira ergueu o rosto e, vendo o brilho confiante nos olhos da amiga e protetora, também sorriu e deixou a visão vagar pelas belezas naturais do caminho.

– É lindo! – disse após alguns minutos. – Não canso de olhar para ele. Ontem à noite, antes de falar com o Inca, eu contemplava o trajeto que havíamos percorrido, pensava sobre a vida nas outras estrelas e senti que meus medos e aflições eram tão pequenos diante de tudo que eu via; não sei como há pessoas que podem duvidar da existência de um deus supremo.

– Mas quem, naña, duvida de Viracocha? – indagou a Mamacomas, preocupada.

Naquele momento, Naira deu-se conta de que falava de outros lugares e pessoas, não se referia a seu povo. "Por que disse isso? De onde veio tal pensamento?", indagava-se.

– Não sei por que falei isso. – apressou-se a aclla a responder e acalmar a amiga. – Disse que estou estranha hoje, mas senti a verdade do que falei, não me pergunte como, mas em algum lugar existem pessoas que não crêem. Sinto tristeza por elas, são pobres e vazias, mas se julgam cheias e ricas, não sabem que tudo que têm são mentiras; estão tapadas com o pó dos caminhos, mas não aprenderam o valor da caminhada.

Kusisa ouviu a jovem em silêncio e decidiu que a acompanharia mais de perto nos próximos dias. Naira voltava a Cuzco muito diferente, amadurecera; seu olhar, sempre alegre e confiante, tinha agora um brilho cálido, intenso, que se velava com nuances de tristeza e reaparecia resignado.

"O que há no coração da minha naña?", pensava Kusisa.

O sol forte do meio-dia resplandecia sobre a vegetação e fazia brilhar as águas do rio, refletindo o céu. À pequena distância, via-se os contornos da capital desenhada na forma de um puma, os muros altos dos fortes, os templos e locais de adoração a céu aberto e as grandes imagens esculpidas em pedra dos deuses venerados pelo império.

Pela caravana ecoaram expressões de alegria pela volta ao lar, e aceleraram o passo.

* * *

A tarde ia a meio, os viajantes haviam chegado há algumas horas, quando Kallpa se deslocou até o templo em busca de Atipaj.

– Procuro Atipaj – anunciou o chefe do exército a um jovem que cuidava da organização do templo.

– Irei avisá-lo, aguarde – respondeu o jovem, e afastou-se seguindo por altos e estreitos corredores de pedra; pouco depois voltava, acompanhado do sacerdote.

– Kallpa – chamou Atipaj, à guisa de saudação. – Você realmente tem pressa.

– Muita, Atipaj. A noite passada não descansei; preocupa-me seriamente a ação de Athaualpa. Com o devido respeito ao Inca, não posso aceitar que o deixemos agir com tamanha liberdade.

– O Inca Huáscar ainda está abalado com as mortes recentes na família e a discórdia com o irmão o desagrada, mas concordo com você, é preciso agir.

– Tenho recebido notícias de povoados nos quais Manco tem conquistado seguidores. Ele deseja ocupar o lugar do Inca e está disposto a fazer uma revolta como há muito não existe no império.

Atipaj colocou o braço sobre o ombro de Kallpa e guiou-o para fora da edificação, enquanto dizia:

– Você é o melhor guerreiro do império. É um dos melhores estrategistas que já tivemos e aprecio muito suas atitudes; você defende a paz e o diálogo tanto quanto seja possível. Vamos lembrar esses fatos ao Conselho e ao próprio Inca. Confio que autorizarão sua ação.

Seguiram conversando acerca das manobras políticas e militares de Athaualpa até chegarem à sede do poder imperial e, passando pelos guardas, que imediatamente reconheceram os visitantes e os saudaram, dirigiram-se à ampla sala onde se encontrava o mais antigo conselheiro do Tahuantinsuyo.

– Thaluqui[6], viemos à sua procura e o assunto que nos traz é grave e urgente – anunciou Atipaj.

A preocupação se estampou na face do velho conselheiro e seu olhar imediatamente concentrou-se na figura e no rosto de Kallpa; analisou-os e, após um profundo suspiro, soltou as mãos ao longo do corpo e convidou:

– Vamos nos acomodar e conversar. Vejo que o tema é delicado, e mesmo me atrevo a dizer que talvez saiba do que se trata.

Atipaj e Kallpa trocaram um olhar de compreensão e seguiram o velho até um canto da sala, onde havia lugar para sentar.

– Falem, meus amigos – incentivou Thaluqui, vendo-os acomodados.

– Viemos pedir seu apoio, Thaluqui – falou Atipaj, sem rodeios. – Kallpa e eu estamos preocupados com as informações que recebemos de vários povoados sobre ações de Athaualpa recrutando adeptos para formar um exército com a finalidade de invadir Cuzco e tomar o poder. Durante nosso retorno, o chefe Utuya Condor procurou o Inca e narrou pessoalmente as ocorrências envolvendo seu povo.

[6] "Duro" - nm.

– Precisamos enfrentar Athaualpa logo. Se esperarmos para nos defender, poderão ocorrer enfrentamentos por muito tempo. Ele semeia discórdia e insatisfação entre os povos agregados e sabemos que em alguns poderá haver eco a suas queixas. Há guerreiros treinados por todo o império, não são ingênuos, irão agir com o mínimo de organização. Vivemos em paz, há progresso e crescimento em todos os cantos dos domínios incas, não podemos deixar que a ausência de valor moral de seu irmão cause danos ao povo e ao império – argumentou Kallpa.

– Não me trazem novidades, amigos. Conheço as informações há alguns dias. Alguns dos chefes da minha região vieram em caravana me informar desses fatos e pedir uma atitude da capital. Como vêem, não estão sós nessa aflição, há um clamor dos líderes – comentou Thaluqui, ponderadamente. E, voltando-se para Kallpa, indagou. – Que pensa fazer?

– Prender Athaualpa. Agir rapidamente e sufocar sua ação na nascente, trazê-lo a Cuzco e dar-lhe punição exemplar. Partiríamos em sigilo, apenas o Conselho, o Inca e o sacerdote Atipaj saberiam da tarefa de que estaremos incumbidos; levaríamos guerreiros em número superior ao que sabemos constituir o bando de Athaualpa; são rebeldes e merecem receber o tratamento devido. Tenho informações de onde se concentram, os pegaremos pelas costas, de imprevisto. Estão nas montanhas, longe de qualquer povoado, o que torna tudo mais fácil, evitando que inocentes sejam envolvidos.

O conselheiro ouviu atentamente e perguntou a Atipaj:

– O Inca o tem em grande estima. Ele não lhe confiou suas intenções sobre o que fazer com os rebeldes?

Atipaj passou a mão no rosto e ponderou:

– Huáscar vive um momento difícil, Thaluqui. Precisa do apoio e da experiência do Conselho, especialmente a sua. Você é o líder mais experiente que temos e isso será valioso neste momento.

O velho levantou-se, andou até a grande janela que dava para um pátio do complexo onde residia o Inca e observou a azáfama dos trabalhadores. Voltou-se e sorriu para Atipaj, embora seu olhar permanecesse obscurecido pela preocupação.

– Entendo, sacerdote Atipaj. Você é sábio e inteligente, mestre Wanka fez um grande trabalho na sua formação. Como ele está?

– Muito bem. A cidade sagrada é o coroamento de todo o trabalho do mestre – respondeu Atipaj.

– Conheci as obras. Quando Wanka afastou-se de Cuzco, precisei procurá-lo e não me restou alternativa a não ser ir até o velho pico. Era uma promessa de grande beleza.

– Realizou-se, tenha certeza.

Kallpa acompanhava aflito o diálogo entre o conselheiro e o sacerdote, mas tinha suficiente sabedoria para permanecer calado, aguardando o desfecho.

– Você sabe, Atipaj, que a cidade foi construída para nossa segurança e refúgio. Conhece as orientações dadas nos templos.

– Claro, conselheiro. Aliás, no Inty Raymi celebrado na cidade sagrada, as previsões se renovaram.

Notando o interesse do conselheiro na informação, Atipaj narrou detalhadamente todas as ocorrências da visita a Cuzco.

– Conheço a accla Naira, ela vem do meu povo. As sacerdotisas da costa são muito sensíveis, confio nas revelações que fazem, esta jovem tem o sangue delas. O Inca agiu bem em ouvi-la. Ao cair da tarde deve ocorrer uma reunião do Conselho com o Inca; levarei o pedido de vocês a apreciação. – disse Thaluqui encarando Atipaj. E depois, virando-se para Kallpa, disse: – Prepare seus guerreiros e tudo que se fará preciso para cumprir seu plano até o início da reunião; esteja aqui ao cair da tarde; é provável que os outros conselheiros queiram conhecer detalhes de sua ação. Vocês deverão partir tão logo conseguida a autorização do Inca.

O alívio irradiou-se pelo semblante de Kallpa, que primeiramente relaxou os músculos e sorriu agradecido ao conselheiro e a Atipaj, e depois, demonstrando disciplina e obediência ao ancião, saudou-o e, pretextando urgência em cumprir sua parte no acordado, retirou-se.

O sacerdote e o conselheiro prosseguiram a conversa e, algum tempo depois, Atipaj se afastava em busca do Inca, com a tarefa de preparar-lhe o espírito para a reunião que se realizaria ao fim da tarde.

As primeiras estrelas despontavam no firmamento quando o grupo de guerreiros liderado por Kallpa cruzou os portões do forte. Poucos viram o chefe do exército e seus melhores comandados partirem. Naira caminhava nas imediações e presenciou a saída do grupo.

À frente marchava o chefe do exército, que a saudou sem interromper o andar do grupo. A accla correu à porta do forte e deparou-se com Kara, expressão preocupada, a acompanhar com o olhar os amigos que se afastavam.

– Para onde eles vão? – indagou Naira. – Há algum problema? Por que estão partindo à noite?

– É uma missão determinada pelo Inca, accla. Não sei e se soubesse não poderia lhe dizer.

Naira compreendia o que eram as limitações impostas pelas funções que cada um exercia na sociedade; afinal, fora justamente para pensar e manter-se fiel a elas que saíra naquele início de noite para andar e meditar.

– Entendo, Kara. Mas você pode me dizer ao menos se ainda estamos em tempos de paz?

– Não há nenhuma guerra declarada pelo Inca – informou Kara. – Mas posso dizer que é para manter a paz que Kallpa e nossos irmãos se afastam da capital.

Lembrando a visita do chefe Utuya Condor à comitiva e logo após o encontro com o Inca, Naira suspeitou dos motivos que levavam Kallpa e seu grupo a sair da cidade em sigilo.

A accla ergueu o rosto e vasculhou o céu à procura da mãe lua; virando-se em sua direção, elevou a mão direita e, com a outra apontando o caminho seguido pelo chefe do exército e seus homens, pediu a ela proteção e assistência, abençoando-os a distância;

quando baixou as mãos e voltou-se para Kara, viu que ele, reverente, a acompanhara na súplica.

– Eles precisarão muito da proteção dos deuses para retornarem com êxito – declarou Naira. – Lembre deles em seus pedidos e de seus homens, Kara.

– Tenha certeza de que seguirei suas recomendações, accla. Você viu o futuro deles?

Naira sorriu tristemente e respondeu:

– Também tenho as limitações impostas pela função que ocupo na sociedade.

Uma expressão de desagrado misturada com compreensão estampou-se no semblante de Kara ao responder:

– Às vezes elas pesam muito, não é mesmo?

– Nesses momentos, penso nas inúmeras alegrias que ela me traz.

– Sei do que está falando.

Naira baixou o rosto, deixando que os cabelos longos caíssem, escondendo sua face e evitando que Kara percebesse o abalo que suas palavras causaram. Seus compromissos como accla do sol exigiam a renúncia ao seu direito de amar e ser amada, o que até conhecer mestre Wanka não havia sido sentido como uma limitação em sua existência.

– É tarde – falou Naira. – Mamacomas deve estar me esperando.

Despediram-se e Naira seguiu seu caminho rumo à residência das acclas do sol, porém mais uma surpresa lhe estava reservada naquela noite...

Aproximava-se do complexo onde residiam as acclas do estado quando viu um vulto esguio e gracioso, de formas femininas, envolto em um manto de lã escuro, caminhar apressado descendo a colina e esgueirando-se ao lado das construções que ladeavam o caminho, saindo do centro administrativo da capital.

Curiosa, por ver que se tratava de uma accla do estado na rua àquela hora, pois elas tinham limitações bem mais severas que as virgens do sol, Naira cedeu ao impulso e pôs-se a segui-la.

"Kusisa não gostará de saber deste fato", pensava Naira, agora distraída das próprias angústias e aflições. "Onde irá esta criatura?"

Uma intuição a orientava a seguir a outra e, sem perceber, colocou-se a uma distância segura. E sendo de estatura menor e esguia, facilmente aderia às altas paredes das construções; seu andar silencioso não era captado pela pessoa que seguia à frente e, assim, ela viu-se nos limites da cidade. Ouviu a mulher atirando pedras contra uma parede e depois esconder-se nas sombras da noite, colada às paredes, até que o brilho de uma pequena tocha se fez notar em uma esquina próxima e a pessoa correu ao local.

Cuidadosa, Naira observava. Viu o vulto de um guerreiro alto e forte, via os contornos das armas sob o brilho da lua. Presenciou beijos e abraços do casal e cuidadosamente aproximou-se, tentando identificá-los.

"Um encontro de amantes", concluía Naira apressadamente, em seu íntimo. "Vou tentar descobrir de qual das acclas se trata e conversarei com ela em particular. Hoje entendo a necessidade de ela escolher livremente a quem amar. Não direi nada a Kusisa, ela não entenderia."

A brisa noturna trouxe o som baixo das vozes do casal. Incrédula e espantada, Naira precisou tapar a boca para não denunciar a sua presença inconveniente. Buscando certificar-se, ficou atenta aos sons que ouvia.

– Estava com saudade de você, Wayna – dizia o homem que Naira custava a reconhecer a voz. – Mas em breve não será preciso ficarmos separados, você será só minha.

Sussurros e risadas baixas e a accla ouvia a resposta de Wayna em tom provocativo:

– Serei a sua Coya, tão logo você tenha seus herdeiros legítimos?

– Juro pela minha vida que farei isso o mais rápido possível – dizia o homem, abraçando e acariciando o corpo da accla do estado. – Nosso tempo é muito curto, o que você tem a me dizer?

– Seu irmão me confidenciou que não acredita que você seja

capaz de pôr em risco a estabilidade do império, de afrontar os deuses, os sacerdotes, os conselheiros e os chefes das ayllus. Ele crê que sua revolta logo passará e está pronto a recebê-lo de volta e em paz, deixando tudo passar como decorrência da dor da perda de seu pai e seu irmão em tão pouco tempo; mas hoje, no cair da noite, houve uma reunião do Inca com o Conselho. Huáscar esteve comigo pouco antes e me parecia preocupado, aborrecido; tentei fazê-lo falar, mas não consegui que me contasse do que se tratava. Fui obrigada a usar informantes e isso é muito perigoso, como sabemos, tudo o que consegui descobrir é que partiu um grupo de guerreiros com a missão de procurá-lo e trazê-lo preso e vivo à capital para receber uma punição exemplar, assim como a seus homens.

O guerreiro afastou-se de Wayna e praguejou, alterado; era perfeitamente visível o ataque de raiva provocado pela informação. A generosa oferta de perdão era recebida com desprezo e atiçava a mágoa e o rancor que o guerreiro nutria por Huáscar.

– Ele verá muito em breve quem precisará da proteção e da compreensão dos deuses. Veremos quem é o filho bem-amado de Inty – ameaçou Athaualpa. E, raivoso, prosseguiu, esquecido da hora e do local, falando mais alto do que pretendia, andando e gesticulando como uma fera presa: – Huáscar saberá que sou valoroso, guerreiro e capaz, o que ele não é. Todo império saberá que é um covarde e ninguém aceitará ser dirigido por ele.

Wayna correu a abraçá-lo pelas costas, pousando as mãos em seu peito na tentativa de acalmá-lo; encostou o rosto quase à altura da nuca do guerreiro e alertou:

– Acalme-se! – o olhar da jovem mulher percorria as ruas escuras vasculhando as esquinas e cantos, temerosa de que surgisse alguém. Com voz moderada e fria, disse: – Athaualpa, não convém ficarmos mais tempo nas ruas. Se alguém me vir retornar, terei dificuldade em explicar. Afinal, o sol já se recolheu há um bom tempo. Preciso voltar. O que tinha a lhe informar foi dito. Saia das montanhas e leve seus homens. Kallpa é um guerreiro experiente, é cedo para enfrentá-lo; nossos homens precisam de mais tempo de treinamento. Os planos estão se realizando, eles estão com medo e isso é bom. É sinal que o respeitam. Se o que fazemos não tivesse importância e não os ameaçasse de alguma forma, não estariam tomando essas medidas.

As palavras de Wayna apaziguaram a revolta de Athaualpa, que correu a mão pela testa afastando algumas mechas de cabelo; depois, pousou a mão úmida sobre as mãos da mulher que repousavam em seu peito e falou:

– Você é minha luz, Wayna, minha guia. Tem razão, não devo enfrentá-los agora. Vou enviar alguém ao acampamento com a ordem de retirada e informando onde os aguardarei.

– Para onde você pensa ir?

– Eu lhe avisarei, confie em mim.

O guerreiro libertou-se do abraço e andou alguns passos olhando as ruelas e esquinas escuras por onde ela deveria voltar. Não era sábio retornar pelo mesmo caminho. Aproximou-se da jovem, tocou-lhe o queixo fazendo-a erguer o rosto e beijou-a apaixonadamente.

Naira, escondida e assustada, vendo a cena, compreendeu que se despediam e aproveitou o momento de paixão do casal para afastar-se rapidamente do lugar. Tão logo atingiu uma distância onde seus movimentos não poderiam mais ser ouvidos, correu à casa das virgens do sol.

Coração pulsando na garganta pelo esforço, chegou ao pátio em frente à casa. Sentada à entrada e iluminada por uma grande tocha fixada à parede, Kusisa entretinha-se com o tear. Como se pressentisse a chegada de Naira, ergueu o olhar do tecido que tramava e contemplou a protegida. A expressão assustada e aflita de Naira dizia que algo de grave acontecera.

Como a accla permanecesse parada e arfante, Kusisa afastou-se do tear e, ajeitando o manto de lã que lhe cobria os ombros, andou até onde estava Naira, absolutamente paralisada.

Acercou-se da jovem e a chamou com energia:

– Naira! Onde você esteve? Por que está tão assustada?

Como não obtivesse resposta, Kusisa sacudiu-a pelos ombros e soprou-lhe forte o rosto, dizendo:

– Fale, Naira! Reaja!

A accla recuperou-se, levou a mão ao coração e depois ao pescoço; com a outra mão, segurou firme no braço da Mamacomas e declarou:

– Eu vi Athaualpa e Wayna conspirando contra o Inca.

Absolutamente, não era aquela a frase que Kusisa esperava ouvir; a mulher empalideceu e calou-se, pensando, para depois indagar:

– Viu como, naña? Teve outra visão?

Naira encarou a amiga e esclareceu:

– Não, eu presenciei um encontro clandestino de Athaualpa e Wayna nos arredores da cidade.

– Pelos deuses! Isso é muito sério. Vamos entrar e você me contará em detalhes o ocorrido. Preciso tomar providências, você fez uma declaração muito grave, naña.

Kusisa enlaçou a jovem pela cintura e apressadamente a conduziu ao interior da construção, absolutamente silenciosa àquela hora. Acomodada e refeita, Naira relatou todos os acontecimentos que testemunhara.

– Eu tomarei todas as medidas necessárias, Naira – prometeu Kusisa ao fim do relato. – Vá deitar. Irei agora mesmo falar com Apos[7] Thaluqui.

– Kusisa! – protestou Naira. – Eu tenho que ir com você; sou eu, a testemunha.

A Mamacomas meditou rapidamente, ponderando as palavras da protegida, e por fim aquiesceu, advertindo-a de que uma acusação daquelas poderia se tornar perigosa para ela mesma; afinal, mentir era uma prática condenada pelas leis da civilização Inca.

[7] Título que designava um membro do Conselho do império – nm.

– Nada tenho a temer, tudo o que disse é a verdade.

– O pior é não ter sabido para onde seguirá Athaualpa – lamentou Kusisa. – Seria uma informação preciosa ao chefe Kallpa.

Naira concordou e pôs-se de pé, demonstrando que estava pronta e disposta a acompanhar Kusisa onde ela necessitasse ir, independentemente do cansaço do dia e do adiantado da hora.

Apressadas, deixaram a residência e percorreram a distância até o palácio do Inca.

Sonolento, o velho caminhava arrastando os calçados de feltro seguindo o guarda que fora acordá-lo, noticiando a inusitada visita da Mamacomas.

– Sei que a hora não é adequada, Apos, mas o assunto é muito sério e não havia como aguardar o amanhecer – falou Kusisa, tão logo aproximou-se do velho conselheiro. – Perdão por interromper seu descanso.

– Está perdoada, mama – respondeu benevolentemente Thaluqui. Esfregando os olhos, vislumbrou Naira. – Não veio só, Kusisa. À tarde falamos sobre você, accla. Há tempos que não a tenho visto. Como está?

Naira sorriu ante a deferência do conselheiro.

– Muito bem, Apos, embora preocupada com as advertências que temos recebido de nossos antepassados – respondeu Naira.

– Tranqüilize-se, menina, as providências necessárias foram tomadas – respondeu, sereno, Thaluqui.

– São justamente elas que nos trazem à sua procura – interferiu Kusisa. – Naira tem o hábito de caminhar ao anoitecer pedindo a bênção de Mama Quilla às nossas plantações e hoje, quando retornava, presenciou um fato de extrema gravidade.

Thaluqui encarou a Mamacomas com olhar penetrante e, vendo-a manter firme a expressão séria e preocupada, compreendeu que algo maior de fato a levara à sua procura. Kusisa era conhecida por seu bom senso; então, ele colocou-se entre as duas mulheres e, tomando-lhes gentilmente o braço, as guiou a um banco no canto do salão.

– Fale, Mama Kusisa – pediu atencioso o conselheiro.

Kusisa relatou os fatos confirmados por Naira, que afirmou sua disposição de testemunhá-los diante de quem o conselheiro julgasse necessário.

– É preciso agir com cautela – retrucou Thaluqui. – Em situações assim, uma liberdade vigiada da traidora pode nos ser útil. Agradeço sua ajuda, Naira. E a sua presteza em vir me comunicar esse fato, Mama Kusisa.

As mulheres se levantaram, entendendo que o conselheiro dava a visita por encerrada, e Kusisa perguntou:

– Há algo que possamos fazer para ajudar, Apos?

– Mantenham-se fiéis e atentas. Será o bastante.

Escoltadas por um guarda, elas retornaram à residência em silêncio, tranqüilas com o cumprimento do dever.

CAPÍTULO V

AINDA CAIM...

"Que pensar daquele que suscita a guerra em seu proveito? Este é o verdadeiro culpado e precisará de muitas existências para expiar todos os homicídios dos quais foi a causa, porque responderá pelo homem, cada um deles, ao qual causou a morte para satisfazer sua ambição."

(Allan Kardec. *O Livro dos Espíritos*, q. 745.)

Sob o manto estrelado da noite, Athaualpa corria pelas encostas escuras dos arredores da capital. Hábil guerreiro, acostumado a disfarçar-se, conhecia os melhores caminhos alternativos, fugindo das trilhas para andar pelo vasto império andino incógnito. Deixara alguns de seus homens acampados nas matas próximas à cidade, sabia que não era recomendável arriscar-se a ser notado, por isso fora sozinho à cidade. Sua paixão por Wayna era antiga, vinha da juventude, quando Cápac ainda governava e ninguém imaginava o trágico fim do seu sucessor.

Athaualpa amava Ninan, o irmão mais velho; nenhum outro membro da família legítima do pai o agradava. Com as irmãs, tinha um convívio harmônico, porém superficial, algumas poucas lembranças da infância e nada mais, tratava-as amistosamente, sem relevantes envolvimentos emocionais.

O meio-irmão – Huáscar – o aborrecia desde criança com suas maneiras calmas, seu olhar atento aos contornos, aos detalhes; ficava horas analisando o traçado de uma flor para depois esculpi-la em madeira, moldá-la em argila, e quando crescera e aprendera as artes da fundição, os metais eram os seus amigos mais próximos.

Athaualpa e sua natureza aguerrida não compreendiam o deleite artístico do irmão; nas aulas com os amautas, ria das dificuldades do irmão nas aulas de estratégia militar.

Quando anunciaram a morte do irmão, ele se mostrara inconsolável tanto pela perda de alguém que amava como também porque sabia que, no governo de Ninan, ele seria nomeado o chefe do exército. No momento em que o Conselho reconheceu Huáscar como novo Inca, sentiu-se duplamente ultrajado: julgava que, além da preterição, ainda havia o desrespeito com a memória e os desejos de Ninan, que fora o último Inca, sucedera o pai assumindo alguns dias o cargo. Não deixara herdeiros, mas era do conhecimento de todos a amizade que os unia e a preferência que lhe dispensava.

Por essas razões, interpretando de forma pessoal as leis que regiam a sucessão, rebelara-se na posse de Huáscar e partira, abandonando seu posto, os aposentos que ocupava e os privilégios de pertencer à realeza. Mesmo sendo filho de uma accla e não da Coya, ele era um membro da realeza, somente não pertencia à linha sucessória, que, pelos preceitos da religião solar, exigia que o sucessor fosse descendente direto dos deuses encarnados – o Inca e sua esposa-irmã.

Ninan sabia de sua paixão pela accla Wayna e prometera autorizar a união deles, liberando-a dos compromissos de mulher consagrada ao império.

O fato de Huáscar tê-la tomado como segunda esposa aumentou a sua revolta.

Pensava nele como um usurpador de sua felicidade e a antiga animosidade deu lugar a paixões violentas, como inveja, ciúme, raiva e ódio. Cego e dominado por elas, não titubeara em espalhar seu discurso de insatisfação pelo império, recrutando em meio aos povos anexados ao império guerreiros para formar um exército rebelde disposto a derrubar o governo de Huáscar.

Não enxergava nem media os danos que sua atitude poderia causar para a grande população do império, via somente os próprios interesses. Entretanto, dada sua fama de grande guerreiro, contava com admiradores entre o povo e conseguira formar uma tropa de dissidentes que o acompanhavam.

A maioria dos seus homens se encontrava no acampamento nas montanhas, um arremedo de forte rebelde, e alguns outros o aguardavam nas matas próximas da cidade.

Ele corria veloz como o vento, embrenhando-se na mata. Em meio às árvores altas e copadas que tornavam escuro como o breu o interior da mata, Athaualpa obrigou-se a diminuir a velocidade e andar com atenção, evitando os perigos; conhecia bem os caminhos, mas sabia que a excessiva confiança era um risco a qualquer empreitada, fazendo com que pecados menores fossem responsáveis por grandes fracassos. Perder-se na mata escura era uma dessas possibilidades e arruinaria seus planos. Andar mais depressa que a patrulha que partira de Cuzco era o segredo do sucesso.

Avançou de forma lenta e segura até chegar à pequena clareira onde ao redor do fogo se reuniam seus homens, dez ao todo, fortes, musculosos, altos, morenos; seus traços fisionômicos apresentavam algumas modificações sutis em razão de pertencerem a diferentes povos, mas no geral eram bastante homogêneos. O mais alto levantou-se, erguendo uma poderosa massa muscular vestida com as típicas túnicas curtas dos guerreiros. Tinha os braços adornados com muitos braceletes de prata onde se viam desenhados em relevo vários pumas e montanhas. O olhar firme e semblante austero compunham um visual que intimidava seus adversários. Vendo o líder, que fisicamente rivalizava com ele, indagou:

– Voltaste muito rápido, Athaualpa. O que aconteceu?

– Chachapuma[1], mande um mensageiro às montanhas e avise que Huáscar mandou uma patrulha para nos prender, com ordens de trazer todos a Cuzco para dar mostra ao povo de uma punição exemplar.

Chachapuma recebeu a notícia impassível; seu único ato foi afastar ligeiramente as pernas e cruzar os braços sobre o peito, em uma atitude que dizia: "Venham, estou pronto para me defender." O olhar fixo no rosto de Athaualpa era indagador, mas de sua boca nenhuma palavra foi dita.

O líder, entendendo a reação do guerreiro de sua confiança, aproximou-se dele e segredou os planos que traçara durante a caminhada:

– Agiremos da seguinte forma: um mensageiro irá às montanhas; não seguirá pelas trilhas, mas pelos caminhos que nós conhecemos; chegará primeiro e a retirada deve ser imediata; quando Kallpa e seus homens descobrirem o acampamento, encontrarão apenas cinzas. Nós seguiremos para a costa e nos reuniremos a Chinkasqa[2], onde os esperaremos sem qualquer ação; apenas faremos com que a manobra de Huáscar seja conhecida pelo povo e se

---

[1] "Leão humano" - nm.

[2] Foi o apelido dado ao personagem estrangeiro-náufrago em quíchua, que significa "perdido, desorientado" - nm.

comente seu fracasso em prender os "rebeldes". Será sua primeira derrota militar, minará a confiança do povo em seu líder e tornará sua queda natural.

Chachapuma ergueu o olhar, fitando a copa escura das árvores à volta da pequena clareira, pensativo, depois disse:

– É bom o plano. Embora eu preferisse atacar logo Cuzco e não ficar nessa espera.

– Calma, amigo. Teremos Cuzco e todo o império, os deuses nos protegem para que executemos a sua vontade. Quem mandaremos às montanhas?

Olharam juntos os homens reunidos em torno do fogo, avaliando a melhor possibilidade. O olhar de Chachapuma recaiu sobre um jovem alto, porém seu físico ainda estava se desenvolvendo, era magro e esguio, aparentava contar 16 anos. Athaualpa seguiu a direção do olhar do amigo e, deparando-se com o adolescente, aprovou a muda indicação dizendo:

– Será ele, é uma boa escolha, ágil e rápido. Mande-o partir agora para as montanhas, recomendando que se apresse; a patrulha saiu à nossa frente, mas ainda terá de procurar, não conhece a localização do acampamento, isso nos deixa em igualdade de condições; portanto, que ele seja rápido e venceremos. Oriente para que eles não sigam pelo mesmo caminho que nós até a costa.

Cada vez que Athaualpa se referia a Chinkasqa, os músculos do rosto de Chachapuma se retesavam involuntariamente e seu olhar ficava nublado com uma expressão de desconfiança, e ele questionou:

– Athaualpa, será que Chinkasqa é uma boa alternativa? Não seria melhor simplesmente fazer outro acampamento?

– Você não confia em Chinkasqa? Ele lhe traiu?

– Nunca me traiu, mas ainda assim não confio nele. Não é dos nossos. É um estranho, veio do mar. E há algo nele que me incomoda, não sei dizer o que é, mas não tenho por ele simpatia nem confiança.

– Será ciúme do sucesso dele com as mulheres da costa? – provocou Athaualpa, rindo. – Elas realmente são mais bonitas do que as que vivem nas montanhas, são delicadas e pequenas e, segundo eu sei, Chinkasqa não tem problema em conquistá-las, embora continue só, sem família. Acredito que no fundo tenha esperança de algum dia voltar para o povo dele.

– Do qual não sabemos nada, nem ao menos onde fica – lembrou Chachapuma, sem dar crédito às provocações do líder. – Insisto, não confio nele, mas a decisão é sua.

– Manteremos o plano. Envie o mensageiro com as instruções, que reunirei os homens para partirmos imediatamente para a costa.

Chachapuma aquiesceu e, voltando-se para o jovem, chamou-o com um gesto de mão à sua presença; sendo imediatamente atendido, rapidamente deu as ordens ao mensageiro e o viu apanhar as flechas e o escudo, armando-se e cruzando um cantil de argila preso por uma tira ao longo do corpo, onde carregava água; despediu-se dos companheiros e desapareceu na mata.

* * *

Após a saída de Kusisa e Naira, o conselheiro Thaluqui sentara-se apoiando os braços sobre uma grande e pesada mesa, pensativo; em seu rosto, a preocupação estampava-se em cada linha contraída, nos lábios comprimidos e no olhar distante.

Em meio a questionamentos do presente e recordações do passado, ele tentava encontrar explicações e caminhos para aquele embate entre irmãos, até então desconhecido no povo Inca.

Intimamente se questionava:

"O que aconteceu para nascer essa rivalidade entre Huáscar e Athaualpa? Onde haviam errado na educação deles? Por que não assimilaram os valores morais e religiosos que conduziam o povo? Por que os deuses os haviam deixado desprotegidos e desorientados para que seus representantes se extraviassem de tal forma do caminho traçado? O que fazer? Como evitar que uma construção de tantas gerações ruísse pela rebeldia de um jovem?"

Enquanto se sucediam as indagações e as respostas aparentemente não vinham, Thaluqui recordava o governo de Cápac, as grandes construções, o progresso, a paz e a alegria do povo trabalhando unido, cada qual contribuindo naquilo que gostava de fazer e produzindo com amor; os estoques de todos os produtos, desde alimentos até vestuário, eram fartamente distribuídos. A Coya e os muitos filhos que dera ao Inca viviam em concórdia; a bem da verdade, tinha que admitir, ela legara à filha a mesma sabedoria e paciência; apesar de jovem, Lawra era mais lúcida e preparada do que Huáscar para comandar a nação.

Envolto em seus pensamentos, o velho conselheiro não sentiu a aproximação do espírito de Sariri; a boa amiga acariciava os cabelos grisalhos daquele que fora chefe da ayllu onde vivera na matéria, anos atrás. Sariri o envolvia em vibrações de paz que lentamente foram assimiladas; as perguntas silenciaram e a ânsia pelas respostas cedeu paulatinamente.

Thaluqui percebeu a diferença e, ao respirar profundamente, o aroma das matas invadiu suas narinas, o rosto relaxou, um sorriso se desenhou na face e a alegria brilhou em seu olhar.

– Sariri? – chamou ele baixinho. – Você veio me ver?

Ligados pela afinidade e em sintonia mental, não era difícil a Sariri tornar-se perceptível às faculdades mediúnicas do amigo. Mantendo sua posição de serenidade, ela respondeu:

– Você clamava por respostas, Thaluqui, vim conversar com você. Acalme-se, a mente agitada não é boa dirigente nem conselheira; nesse estado, ela não se abre à inspiração superior e bloqueia o acesso e as tentativas de auxílio dos espíritos amigos.

– É difícil o que me pede, Sariri. Reconheço a validade de suas ponderações, mas manter a calma quando vejo no horizonte nuvens escuras e promessas de tempestade está sendo um exercício difícil, amiga.

– É para esses momentos que Viracocha nos deu a companhia da esperança, Thaluqui. Companheira de caverna, ela habita conosco mesmo nas regiões mais profundas e tenebrosas da vida; nas horas de incerteza, ela só precisa que nos lembremos da sua companhia para que venha nos confortar. Viracocha, senhor supremo do universo, não deixou nenhuma de suas criaturas ao desabrigo, proveu e planejou tudo para que a bela mãe Terra oferecesse a seus filhos o necessário à existência. Organizou para que a vida florescesse em ciclos e nós precisamos compreender esse mecanismo, pois, como seres imortais que, você sabe, em essência todos somos, também nosso processo de aprendizado e crescimento se dá em ciclos. A gestação e o parto compõem o ciclo do nascimento; na juventude, o corpo se prepara para a fase adulta preparando os ciclos da procriação; na velhice, meu amigo, nos preparamos para o ciclo da destruição do corpo, a vida nos prepara para nos desligarmos dele e nos manda avisos em forma de dores e debilidades, dizendo que aquela organização não serve mais para o nosso crescimento e está nos ensinando as últimas lições de desapego ao que é transitório. Pense, Thaluqui, se é assim conosco, é assim com os outros, e sendo para todos igual é natural que também existam ciclos para os povos. Os desgovernos atuais são ferramentas que servem ao ciclo necessário ao nosso povo. Aqui, aprendemos e ensinamos, num contato feliz entre almas que despertavam para perceber os ciclos da vida e outras que já os entendiam, que compreendiam as próprias deficiências e limitações e se esforçavam por superá-las. Os gigantes que voltaram a Viracocha, após a destruição de seu mundo, pedindo oportunidade nova de trabalho, habitaram entre nós e concluíram seu aprendizado ensinando bases de fraternidade, de justiça e mostrando que é possível ao homem viver e usufruir dos bens da Terra sem que existam necessitados, famintos e desabrigados; mas, antes de uma construção de governo, essa é uma construção de almas educadas e conscientes da transitoriedade da matéria e do papel que esses bens têm para o espírito. A fragilidade na liderança do império reflete essa passagem de comando – Huyna Cápac foi o último dos governantes do povo de exilados. O comando agora está nas mãos dos que antes foram aprendizes; que suas almas tenham bem assimilado as lições do passado e encontrem nesses ensinamentos a inspiração e a direção certa para conduzir o povo nas novas lutas que virão. Viracocha não nos abandona jamais! Todos os ciclos pelos quais passamos encerram lições benéficas, ainda que a aparente destruição sobrevenha; lembra, Thaluqui, que também ela é necessária. Assim como a morte de um homem é natural, também o é a morte de uma civilização. Quantas nos antecederam? Na região dos lagos onde renascemos não havia antes um outro povo? Não herdamos conhecimentos deles? Não desapareceram deixando apenas vestígios, marcas de sua passagem? Desapega-te das formas materiais da vida, Thaluqui. Faz com que teu olhar seja mais abrangente e veja além do que os olhos da matéria te permitem ver. Procura enxergar com os sentidos da alma e verás que a esperança é uma das grandes forças que ela carrega. Compreendendo que, na matéria, nascimento e destruição são processos para transformação do espírito, manterás tua calma e serenidade e serás útil aos teus irmãos, dando-lhes conforto e orientação. Mantendo a calma e a paz nascidas da compreensão das verdades maiores da vida, tua mente será canal aberto à comunicação com teus amigos que já partiram e com os espíritos que te orientam.

– É preciso aceitar que as profecias de destruição irão mesmo se realizar? Que serei testemunha da dor do meu povo? – perguntou Thaluqui mais sereno, porém ainda intimamente irresignado.

– Querido! São ciclos naturais. Acaso te revoltaste quando a natureza determinou a transformação do teu corpo infantil em um corpo de homem e desenvolveu funções e necessidades novas?

– Não, Sariri, não havia como retroceder, era preciso aceitar.

– E foi ruim tornar-se adulto e depois velho?

– Não, pelos deuses, se me propusessem voltar ao que era antes, não aceitaria. Com todas as debilidades da idade, hoje sinto que sou melhor, mais maduro e preparado do que antes e, se voltasse no tempo, por certo evitaria muitos sofrimentos que, agora vejo, eram exagerados ou sem razão de ser.

– Então, por que clamas irresignado com as transformações de um corpo maior? Os princípios são os mesmos.

Quedando-se vencido pela argumentação do espírito amigo, Thaluqui sorriu, entendendo por fim as comparações com as quais Sariri tentara esclarecê-lo e confortá-lo, e confessou:

– É o medo da dor, Sariri. No fundo de minha caverna também habita um covarde.

Thaluqui viu Sariri rir amistosamente da admissão de suas fraquezas.

– Para cada habitante sombrio da nossa caverna o Criador nos deu outro habitante de luz. A covardia diante dos fatos da vida existe enquanto não deres atenção à fé e à esperança; elas são as bases que tornam um homem verdadeiramente forte e corajoso para enfrentar as experiências de crescimento que o Criador dispôs ao longo de nossa jornada. Volto a dizer-te, ouve a esperança e terás a calma e a coragem necessárias para atravessar os dias futuros.

Sorrindo, Sariri afastou-se, deixando no ar o aroma das matas onde viveu por longos anos e que amou com devoção, por aprender que era fonte de alívio às dores do homem pelo manancial de medicamentos que ofereciam.

Aspirando ainda o perfume da amiga, Thaluqui lembrou dos dias em que ambos eram jovens e cada um a seu modo exercia uma liderança na região dos lagos. Sariri vivia a colher ervas e seivas para aliviar os enfermos, principalmente os males das mulheres e crianças, e ela dizia:

"Amo as matas e florestas, elas são provas do amor do Criador à saúde e ao bem-estar de suas criaturas. Ele não quer que soframos, por isso encheu a mãe Terra de matas, para nelas encontrarmos o alívio às dores que provocamos."

E às crianças que freqüentemente a acompanhavam, ensinava:

"Não destruam desnecessariamente a natureza, meus queridos, ela é a ação providencial de Viracocha para a nossa vida."

Erguendo-se, o velho conselheiro divisou pelas aberturas as

estrelas da noite; em seus olhos, a nostalgia, o brilho melancólico revelavam a quem o visse seu mergulho em saudosas lembranças do passado; sentiu a umidade das lágrimas e as enxugou rapidamente com o dorso da mão.

– Obrigado, Sariri, por sua generosa visita – agradeceu Thaluqui em voz baixa. – Que eu possa me lembrar das recomendações que me fez e fortalecer a fé e a esperança. Inty protegerá seu povo e nos guiará como sempre nas trilhas do progresso.

Um dos jovens guardas que prestavam serviço observara em silencioso respeito o contato do Apos com um espírito. A veneração e o culto aos espíritos dos antepassados eram parte da cultura Inca. Desde muito cedo, as crianças recebiam noções de imortalidade da alma e aprendiam a ver a morte como uma passagem a uma outra vida e sabiam que o véu que encobre a verdade não era intransponível para todos. Percebendo o silêncio de Thaluqui, o rapaz se aproximou e indagou:

– Apos, posso ajudar? Vi preocupação e tristeza no seu rosto, se houver algo que possa fazer, não importa o que seja, estou disposto a servir.

– Sim. Preciso que peça à Coya que me receba. Diga-lhe que tenho urgência em lhe falar, não posso esperar o dia de amanhã.

O rapaz baixou a cabeça em sinal de entendimento e, dando as costas, partiu a passos largos e rápidos rumo à parte da construção que abrigava a soberana Inca.

O pedido urgente do conselheiro, no avançado da noite, causou aflição à Coya e suas servidoras.

Ergueu-se do leito e foi envolvida em um lindo manto de lã que chegava aos pés, ricamente bordado, amarrado à cintura por uma faixa larga; mangas amplas deixavam ver apenas as mãos longas e finas da jovem.

Alta e esguia, tinha um porte elegante, o rosto de uma beleza inegável; porém, eram os olhos, grandes e escuros, de expressão firme, que identificavam a descendência real da jovem mulher.

Ela ouviu atentamente o breve pedido transmitido pelo guarda, suas sobrancelhas espessas se ergueram e rugas em sua testa denunciaram que ouvia com estranheza o pedido do conselheiro. Mas, ao lembrar a enorme consideração que seus pais davam às opiniões de Thaluqui, prontamente determinou à sua servidora que respondesse ao guarda, mandando-o vir imediatamente à sua presença.

Minutos depois, Thaluqui saudava a Coya em uma dependência de seus aposentos, uma agradável sala cercada de belos adornos procedentes de variadas regiões andinas, que revelavam o amor e o respeito de sua proprietária pelas tradições de todos os povos que compunham o império.

– O que o traz à minha presença? – indagou a Coya diretamente, pois o conselheiro era das raras pessoas que gozavam do privilégio de dirigir-se diretamente ao casal real, dispensando intérpretes.

– O assunto é delicado, Coya, e por reconhecer seu senso prático e natural instinto de governante é que vim lhe relatar os fatos, mesmo antes de buscar nosso Inca.

– Deve ser algo muito sério. Fale logo, Apos Thaluqui– respondeu a Coya em tom imperioso.

Thaluqui não se fez de rogado e rapidamente narrou todas as ocorrências da tarde e da noite à soberana; viu ela cruzar os braços sobre o peito e apertar os grandes olhos, num gestual muito característico de uma personalidade que se continha com alguma dificuldade.

– Mama Kusisa é incapaz de um gesto impensado. Ela é uma das mulheres mais sensatas que conheço. A accla Naira é sua auxiliar e também a conheço o suficiente para saber que é merecedora de crédito. É uma sacerdotisa que honra nossas mais antigas tradições. Fez bem em me procurar, Apos. Reconheço que Wayna exerce um fascínio pernicioso sobre Huáscar e apenas ele é ingênuo o bastante para crer que ela esqueceria o envolvimento que tinha com Athaualpa. Era visível a qualquer um a paixão dos dois. Ela quebra os votos de servir ao império e deve ser punida por esta falta. Tome as providências, eu assumirei a punição.

– Coya, entendo sua ânsia justa em punir a infratora e compartilho da mesma vontade, mas vim à sua presença na esperança de pensarmos juntos e revertermos essa situação usando a accla Wayna para descobrirmos rapidamente a localização de Athaualpa e seus rebelados.

Lawra andou pela sala em silêncio, apertando as mãos próximo do ventre e depois à altura do rosto repetidas vezes, de forma nervosa; então, se dirigiu até uma ampla janela e aspirou o ar noturno. Apoiando as mãos no parapeito, disse:

– És prudente e sábio, Apos Thaluqui, por isso meus pais humanos o ouviam e eu também o farei. Designarei uma das minhas jovens servidoras para auxiliar na casa das acclas do estado. Ela irá com ordens expressas e severas de acompanhar os mínimos e menores movimentos de Wayna; asseguro-lhe que ela não dará um passo sem que eu saiba.

– Uma medida excelente, Coya. Depois que tivermos todos os rebeldes reunidos na capital, então será o momento de exercer a justiça. Mas ainda resta uma questão delicada nessa estratégia que faremos para neutralizar a accla Wayna.

– O Inca – falou a Coya, completando o pensamento de Thaluqui. – Entendi a dificuldade assim que expôs o envolvimento de Wayna com os rebeldes. Sei que ele prefere as atenções dela às minhas e, sinceramente, até este momento não me importava. Cumpro meu destino à frente do império, mas meu coração partiu com Ninan. Apenas lamento não ter tido ao menos um filho dele.

– A necessidade de herdeiros reais é um bom argumento para afastá-lo de Wayna. Eu mesmo posso lembrá-lo desse dever que recai sobre vocês de conceberem os filhos de Inty – propôs Thaluqui.

– É um caminho, e neste momento devemos seguir todos, até mesmo aqueles que representam sacrifícios pessoais. Fale com Huáscar – respondeu a Coya. E prosseguiu, após uma pausa de reflexão: – Talvez devesse incumbir o sacerdote Atipaj de conduzir essa conversa com meu irmão. Ele o tem em grande apreço, o sacerdote é benéfico à personalidade de Huáscar.

– Boa lembrança! Falarei com ele assim que amanhecer.

– Há outras formas de manter o Inca longe de Wayna – disse a Coya. – Viagens às regiões mais distantes ou o interesse maior por outra accla de nossa confiança.

– Como disseste há pouco, Coya: devemos seguir todos os caminhos – concordou Thaluqui, agradecendo a Inty a serenidade e a percepção da mulher que representava a deusa à frente do império.

Notando o brilho de aprovação no olhar do conselheiro, a Coya não pôde deixar de sorrir e responder:

– Mama Quilla protege e abençoa as mulheres, Apos Thaluqui, não só seus corpos, mas também suas inteligências. Eu sou sua filha direta; ela não me deixaria ao desabrigo; amanhã enviarei um mensageiro às sacerdotisas da costa pedindo um ritual especial de agradecimento em meu nome.

Recordando a interferência da entidade amiga momentos atrás, Thaluqui concordou, reforçando:

– É um bom hábito agradecer os benefícios e as providências de que somos alvo. Mesmo os deuses apreciam uma relação de carinhosa amizade.

Traçados os planos, combinaram manter encontros diários ou sempre que a necessidade se impusesse, encarregando-se cada um de executar a sua parte.

***

Quilômetros distante de Cuzco e da agitação político-militar daqueles dias, Wanka vivia mais uma de suas nostálgicas noites. Deitado sobre a relva, envolto em pesada capa de lã, sentindo o frio dos Andes no rosto, ele respirava o ar rarefeito e perfumado das montanhas, o som das cascatas e cachoeiras embalava seus pensamentos e ele se entregava a suas recordações.

Das muitas lembranças que trazia do passado extraía meditações valiosas mas, é bom que se diga, por muito tempo elas o fizeram sofrer e constituíram-se literalmente em uma purgação de si mesmo.

Analisara suas lembranças infinitamente, revendo os pontos deficientes de sua personalidade que o haviam feito cair muitas vezes na caminhada evolutiva, e outros que ainda o fariam vacilar e tremer ante alguma decisão; depois, convicto de que conscientemente buscava superá-los, analisava as forças que sempre o haviam impulsionado a erguer-se e o amparavam nos dias difíceis.

Reconhecia o valor inestimável da amizade. Seus companheiros, na matéria ou fora dela, eram os representantes das mãos invisíveis do Criador a ampará-lo e fortalecê-lo; nunca estivera só, sempre tivera a seu lado a bênção de um amigo, ainda que em inúmeras ocasiões não lhes tenha dado a devida importância, mas o tempo se encarregara de modificá-lo.

Do ser que fora exilado na Terra, ele agora reconhecia, tinha ainda bem pouco. Aprendera valores tão importantes quanto a inteligência que cultivara entre os seus, com tamanho zelo que esquecera da vida e das pessoas, encerrado em cálculos e experimentos para descobrir o que o Criador havia realizado.

Bem poucas horas, naqueles tempos remotos, havia gastado no conhecimento do vasto e encantador universo da alma.

Resultado: dominara conhecimentos esplêndidos de várias ciências, da anatomia à astronomia, da matemática à arquitetura; em tudo procurara descobrir de que eram feitos os corpos transitórios e reproduzi-los em todas as suas formas fora sua fascinação.

Isolara-se das pessoas e de si mesmo, inconscientemente cultivara o egoísmo, o orgulho e a vaidade de crer-se um grande cientista, com quem poucas pessoas tinham o privilégio de conviver, por não julgá-las suficientemente interessantes para merecer sua atenção. Fora um grande tolo; já chegara a essa conclusão em muitas outras noites vagando sobre o planeta azul e notando sua natureza selvagem.

Lentamente, muito lentamente, fora abandonando os resquícios da personalidade antiga.

Ah! Se soubéssemos quantos séculos levamos para remodelar nossa conduta, o vigor na tarefa de renovação seria muito maior e bem mais esforços faríamos para nos modificar. Por isso, todos os grandes mestres da humanidade enalteceram a força de vontade como prerrogativa para mudanças no ser humano.

Wanka reconhecia que, com muito esforço e tempo, estava conseguindo modificar-se e podia mesmo dizer que agora se sentia apto para retornar, mas uma verdade mais profunda impunha ser admitida e o levava a meditar no silencioso frio da noite, sob o manto estrelado do céu da cordilheira.

Recordando seus muitos dias sobre a terra, seus erros e aprendizados, ele sempre se via com amigos, mas reinava em seu coração um vazio e uma solidão que davam um brilho triste ao seu olhar.

Revia as muitas cenas de vidas passadas das quais se lembrava e concluía que em nenhuma sentira a legítima força do amor por outro ser. Tivera inúmeros envolvimentos, mas nada realmente marcante, tocante. Eram ainda vestígios de seu passado egoísta, centrado em si mesmo e na sua superioridade, que o impediam de amar, de sentir essa força estranha que faz com que alguém seja capaz de dar a própria vida por outro, de ocupar-se da felicidade e do bem-estar do objeto de seu afeto, de sofrer pelas suas dores e alegrar-se com as vitórias.

Ele ainda não fora capaz de abrir-se a esse grau de sentimento até deparar-se com o olhar inocente e confiante de Naira.

O brilho das estrelas, agora, não o lembrava somente do lar distante, onde amigos de muitas eras o aguardavam; lembravam a luminosidade do sorriso e do rosto da jovem Inca, sua ânsia de saber e sua capacidade de doar-se ao povo que amava.

"Sariri chamou-a de grandes olhos, deveria tê-la chamado sabedoria" – pensava Wanka. "Ela não conhece nenhuma das ciências da matéria, mas seu olhar investiga a alma, ela enxerga muito além dos olhos e vê agora o que levei muitas vidas para descobrir. Perto das minhas experiências ela se compara a uma criança, uma adorável e esperta criança, que surpreende por sua doçura e inteligência. Naira devia chamar-se sabedoria."

Sem perceber que seu pensamento envolvia-se com a pequena virgem do sol e seu olhar aveludado e terno, o amauta entregou-se livremente às recordações da convivência amorosa que experimentara com Naira.

Ele aprendia o que era amar. Por sua longa trajetória de experiências no conhecimento e domínio da matéria, o amor chegava até ele despido da paixão transitória. Era um sentimento cálido, profundo, sereno, quase dolorido por querer estar presente a cada momento da vida de Naira, mesmo à distância, ciente de que não poderia tocá-la além do que havia feito; ainda assim, desejava estar a seu lado, orientá-la e protegê-la, e esperar, por quanto tempo fosse necessário, para encontrá-la na verdadeira vida, longe dos renascimentos e mortes que a matéria impõe.

Esperar... Doce expectativa quando cheio de confiança, esperança e fé de que o dever nobremente cumprido e compreendido garante a felicidade duradoura.

Wanka esperaria, sabia que a vida era imortal e cheia de reencontros.

Exausto, o corpo acabou por cobrar sua parcela de domínio sobre o espírito e ele adormeceu; somente quando o canto dos pássaros se fazia ouvir estridente e agitado foi que ele acordou, vendo o sol surgir avermelhado por entre as montanhas, iluminando a natureza. Piscou várias vezes e depois se sentou, observando o espetáculo matinal; encheu-se de reverência ao Criador, testemunhando a beleza de sua obra e integrando-se àquele esplendor de luz e vida.

"Como não ter fé, esperança e alegria quando o Criador nos oportuniza todos os dias espetáculos de rara beleza, exemplos de serenidade e constância – pensava Wanka. – Quisera que os que dormem acordassem para assistir tanta grandiosidade. Mas eles dormem e não vêem o seu trabalho, não reverenciam a sua obra. Um dia, tal como eu, depois de muito andar, aprenderão a apreciar o amanhecer, o anoitecer, a luz das estrelas, o som das cascatas e aprenderão a valorizar esse planeta e seus encantos."

Quando o sol enchia com sua presença o novo dia, ele levantou-se e lentamente retornou à cidade no alto do velho pico. Olhava as pessoas envolvidas nos afazeres da manhã, tão cheias de atribuições e preocupações imediatas que não tinham visto o mesmo espetáculo com que ele se embevecera e sensibilizara.

"Cada um de nós vê e compreende de acordo com sua faixa de entendimento espiritual, Wanka, por isso é sábio não exigir dos outros o que você está vendo, talvez não seja o mesmo que eles. Exercite a arte da compreensão e a ciência da paz, deixando cada qual seguir seu tempo. É assim que deseja o Criador", ensinara-lhe Kuchikuchi, quando o via impaciente com as dificuldades dos outros, para ele tão simples de serem resolvidas. Agora, bem mais experiente, ainda exercitava aquelas lições e encontrava novas aplicações no dia-a-dia. Talvez para sempre as palavras do mestre Kuchikuchi o acompanhassem, como um hino de entendimento para com todos aqueles com quem convivesse.

De volta a suas atribuições rotineiras, entregou-se à sua paixão, que era ensinar e orientar aqueles jovens que se abrigavam sob a casa que dirigia.

A lembrança de Naira povoaria seus momentos vagos, por menores que fossem, e o fariam olhar na direção de Cuzco e contemplar mil vezes a trilha dos sacerdotes, que descia em direção à capital do império.

* * *

Em seu leito, com os aposentos envoltos em penumbra pelas luzes das tochas à entrada, Atipaj, adormecido, remexia-se inquieto; os lençóis enrolavam-se em torno de seu corpo aumentando a sensação de aperto e aflição, jogava a cabeça de um lado a outro e balbuciava palavras ininteligíveis. Facilmente se notava que estava preso em um pesadelo. Subitamente, acordou com um grito angustiado e sentou-se. O coração palpitava e o sentia bater como se fosse em sua garganta; apressado, jogou as pernas para fora do leito e levantou-se; andando até a janela, olhou rapidamente para fora, constatando a normalidade da noite; enxugou o rosto suado e levou a mão ao peito, na tentativa de acalmar os batimentos cardíacos.

– Outra vez o sonho! – falou em voz alta para si mesmo. – Que aflição! Socorre-me, Inty.

A passos lentos, deixou os aposentos dirigindo-se até a sala onde faziam as refeições em busca de água, serviu-se e sorveu em goles pequenos o líquido; depois, se sentou em um banco de madeira entalhada e recostou-se na parede. Em sua mente, um turbilhão de dúvidas e culpas se imiscuíam. Àquela hora da madrugada, todos os demais sacerdotes dormiam. Aproveitando a solidão, Atipaj refletia e, expressando sua confusão mental, pôs-se a falar com a imagem menor de Inty que enfeitava a parede à sua frente:

– Ajude-me, Inty, a compreender o significado desses sonhos – pediu humildemente. – Por que eles se repetem e são sempre iguais? Sei que devo acalmar meu coração, conversei sobre eles com Wanka e Naira, vi algumas dessas cenas no ritual do Inty Raymi, e agora, depois de vários dias, voltam a me perturbar. Por que essas cenas estranhas? Quem são esses homens que o povo confunde com deuses? Por que vejo Huáscar morto e Athaualpa repudiado pelo povo, mas sem trazer as mãos sujas com sangue, como sinto que ele é responsável? Como posso ver Manco tomando tarefas políticas e cenas do povo massacrado, saqueado de seus objetos sagrados? Que tortura, Inty! Por que sofro assim, vendo em sonhos nossos templos destruídos e o sofrimento semeado no Tahuantinsuyo e eu liderando um grupo em fuga? O que é isso? Por que só hoje vi o rosto da jovem que me acompanha? Até onde, Inty, eu posso confiar que nessas mensagens não se mesclem os meus desejos? Não, eu não quero tê-la se este for o preço. Se meu amor causará tanta dor e desgraça, eu juro, Inty, e nesse momento renuncio a meus propósitos de pedir a interferência do Inca. Ela seguirá seu destino e eu serei seu amigo por toda vida. Ela lhe pertence, perdão por meus pensamentos. Sei que ela é sagrada e assim continuará. Não permita que nenhuma dessas cenas que vejo aconteçam a nosso povo. Proteja-nos, ilumine nossos caminhos e nos dê força.

Conforme os colocava em palavras, os sentimentos e pensamentos em conflito iam serenando, mas não conseguia apagar de sua mente as imagens que o perturbavam. Como vinha acontecendo desde poucos dias antes do Inty Raymi, sabia que não mais conciliaria o sono; não suportaria ver novamente aquelas cenas.

Os raios do sol o iluminaram ainda sentado no mesmo lugar e, alheio à beleza que a natureza ofertava, ele recebeu o novo dia sentindo-se aflito, triste e preocupado.

CAPÍTULO VI

A DOR DE ATIPAJ

"Todo mundo é capaz de dominar uma dor, exceto quem a sente."

(William Shakespeare. *Muito barulho por nada* (1594-1595), ato III, cena II.)

Cuzco acordava e já se ouvia os primeiros sinais do povo em atividade. Como o culto ao trabalho era um dos pilares morais da sociedade Inca, iniciar um novo dia de atividade era motivo de alegria e os trabalhadores, em sua grande maioria, cantavam; suas canções contavam histórias e lendas da civilização Inca e dos outros povos que aderiam ao império.

Era uma cena que costumava emocionar Atipaj – observar grandes grupos de trabalhadores se encaminhando aos locais de atividade cantando. Adorava principalmente ouvir as hailis entoadas pelos trabalhadores do campo; usando apenas a voz humana, bastava que um começasse e os outros respondiam haili! e se revezavam ao cantar suas lendas e pedir a proteção dos deuses ao seu dia ou ao trabalho que concluíam. Ao fim da tarde, quando regressavam, pareciam cantar ainda com mais vigor.

Porém, naquela manhã o canto dos trabalhadores era apenas mais um som que lhe chegava aos ouvidos.

Alheio até mesmo à movimentação interna do monastério, Atipaj não percebeu que era observado por um jovem iniciante, em cujo olhar transparecia o susto de encontrar o sacerdote desolado recostado na parede, com a expressão sombria e distante; preocupado, o jovem aproximou-se e gentilmente indagou:

– Sacerdote Atipaj, estás doente? – E completou, sem conter a surpresa: – Parece que passou a noite aqui. Posso fazer algo para ajudá-lo?

Atipaj registrou a presença do jovem e, esforçando-se, sacudiu a cabeça, desejoso de varrer suas preocupações. Sentiu os músculos doloridos pela posição desconfortável em que estava desde a madrugada e esticou mecanicamente os braços, movimentou o pescoço e, depois, massageou a nuca. Então ergueu-se e, encarando o aprendiz, sorriu; para tranqüilizá-lo, esclareceu:

– Estou bem, Sapaki[1], apenas tive uma noite ruim, nada mais.

[1] "Solitário" - nm.

Vim tomar água e acabei ficando, sem me dar conta da passagem do tempo. Fique tranqüilo. Pode fazer seu trabalho.

– Na verdade, meu trabalho era encontrá-lo; como não o achei em seu dormitório, comecei a andar pelo monastério a sua procura; o último lugar foi este.

– E por que estava me procurando tão cedo?

– Um mensageiro do Apos Thaluqui está à sua espera na porta de entrada, diz ser urgente.

– Obrigado, Sapaki, irei atendê-lo – respondeu Atipaj, encaminhando-se para o comprido corredor que levava ao local indicado pelo aprendiz.

Logo viu o mensageiro com o killpa na mão. Cumprimentou-o e recebeu o objeto; estendendo-o à sua frente, decifrou a mensagem contida e o devolveu, informando:

– Seguirei com você. Aguarde, voltarei breve.

Atipaj retornou a seu dormitório e rapidamente aprontou-se, vestindo as túnicas do templo e arrumando seus braceletes e a tiara sobre a testa. Cumprindo o anunciado ao mensageiro, logo retornou à sala pronto a acompanhá-lo ao encontro do conselheiro.

Caminhavam em silêncio pelas ruas da cidade. Atipaj respondia a um ou outro cumprimento que lhe lançava alguém do povo, sorria e, alegando estar apressado e sendo esperado por Thaluqui, não parava mais do que alguns segundos.

O sacerdote surpreendeu-se ao ingressar no salão usado pelo conselheiro e lá encontrar Kara, também atendendo a chamado.

– Você não sabe do que se trata? – perguntou Atipaj ao guerreiro.

– Faço uma idéia, mas é tão estranha que não ouso acreditar.

– Pode me falar, pois eu não faço a menor idéia das razões por detrás do chamado de Thaluqui – pediu o sacerdote.

– Tudo o que sei é que o assunto é grave e urgente.

– Muito grave e urgentíssimo – retrucou Thaluqui, ingressando no salão vagarosamente. Depois, aproximou-se da mesa onde se acercavam os seus convidados e falou: – Vamos discutir o tema melhor acomodados, sentem-se.

Voltando-se para o criado postado ao lado de uma grande porta interna, ordenou:

– Traga-nos algumas frutas e água, meus visitantes ainda não se alimentaram esta manhã.

Enquanto aguardavam o cumprimento da ordem trocaram algumas palavras amistosas, mas a conversa não avançava, já que na mente de todos rondava um tema preocupante ainda não atacado.

– Thaluqui, não vamos perder tempo, sei que este não é o seu hábito – pediu Atipaj. – Diga-nos por que nos chamou.

Os olhos de Thaluqui brilharam amorosamente ao fixarem o rosto do sacerdote.

– Você é um bom homem, Atipaj, inteligente e sensível. Gosto de suas qualidades. Não gosto mesmo de perder tempo, não é com rodeios que se governa um império. O tema é a ação de Athaualpa.

Um murmúrio contrariado escapou dos lábios dos visitantes, porém, resolutos, permaneceram silenciosos, olhos pregados no conselheiro, aguardando maiores explicações.

Sem rodeios, Thaluqui relatou os fatos ocorridos na noite anterior; cuidadosamente, referiu-se às providências internas no palácio que haviam sido tomadas no intuito de manter sob vigilância a accla Wayna, mas sem mencionar a participação da própria Coya.

As frutas e a água solicitadas foram servidas, porém nenhum dos visitantes as tocou; em seus rostos, a preocupação era cristalina.

– Você é o mais antigo líder de nosso povo, Thaluqui – comentou Kara. – Suas medidas foram corretas. Vejo que nos chamou aqui porque em seus planos de defesa temos algo a fazer. Estou certo?

– Sim, Kara, está certo. Na ausência de Kallpa, você assumiu a posição de chefe do exército. Pelo que contei, deve ter percebido que será muito difícil Kallpa ter sucesso na missão. Seria uma boa medida mandá-lo retornar e espreitarmos até termos segurança da localização dos homens de Athaualpa na costa.

– Enquanto Apos Thaluqui falava, era o que eu pensava fazer. Não podemos perder tempo, vou mandar agora mesmo um guerreiro à procura de Kallpa. Pensei, também, em pedir aos chefes da costa que se mantenham atentos e nos avisem se souberem da movimentação dos rebeldes.

Atipaj meneou a cabeça em aprovação ao ouvir as sugestões de Kara e Thaluqui igualmente aquiesceu.

– Vou tomar as providências – informou Kara. – Há algo que ainda precise saber, Apos?

– Não, Kara, pode ir – respondeu Thaluqui. E, voltando sua atenção para Atipaj, sorriu e comentou: – Preciso discutir com você um tema muito delicado e por isso resolvi primeiro o assunto com Kara.

– Fale, Apos Thaluqui.

– Você é uma das pessoas mais próximas do Inca, é seu amigo desde a juventude, muito antes de ele ser o sucessor de Huyna Cápac. Portanto, têm uma intimidade que comigo ele não possui. Estou velho e o sirvo apenas como conselheiro; ele confia em minha sabedoria e experiência para as decisões do governo do império, mas não temos o mesmo relacionamento que eu tinha com o pai dele, o que é natural. Mas noto que você possui grande ascendência moral sobre Huáscar; quero lhe pedir que tente afastá-lo da aclla Wayna. Temo as informações que o Inca pode transmitir a ela ingenuamente. Sabemos que ele não tem o mesmo preparo para ocupar o governo que tinha Ninan e, mesmo a contragosto, tenho que admitir, do próprio Athaualpa.

Atipaj assustou-se ao ouvir a confissão do conselheiro e prontamente recordou:

– Concordo que Huáscar ainda tem muito a melhorar até tornar-se de fato um líder como foram nossos antigos Incas, mas ele é o representante dos deuses, é seu filho e se eles confiaram-lhe essa missão, devemos crer que é o melhor.

As rugas em torno dos olhos do conselheiro comprimiram-se e um suave sorriso desenhou-se em seu rosto, ao responder:

– É claro, meu jovem sacerdote, que considero as razões que me lembrou, mas os anos da minha vida somam vários nós nos quipus e em cada um deles vi acontecer muitos fatos; errei e aprendi. Não questiono os ditames de nossa religião, mas sei que mesmo os filhos dos deuses têm diferentes personalidades. Huáscar é frágil e ingênuo, precisa de ajuda para reconhecer o caráter dos que o cercam.

Sem argumentos para revidar as colocações do experiente conselheiro, Atipaj capitulou ao pedido e perguntou:

– Tem alguma sugestão, Thaluqui?

– Prepare-o primeiro; não aborde o assunto da traição da accla diretamente, ele não aceitará, está apaixonado pelos encantos da moça. Comece por afastá-lo dela, esteja o mais presente entre eles, evitando deixá-los a sós. Sugira uma observação mais atenta das atitudes da jovem e fale muito sobre Athaualpa quando ela estiver por perto. É sabido que Athaualpa pretendia pedir a liberação da accla a Ninan; ela é tão apaixonada pelo irmão do Inca quanto ele por ela, não será difícil fazê-la mostrar esse sentimento. Preciso é que Huáscar o veja.

Recordando a noite de dificuldades, um brilho de amargura iluminou os olhos do sacerdote e despertou a curiosidade do atento Thaluqui.

– Parece que notei uma expressão de sofrimento em seus olhos, Atipaj. Será que lhe peço muito?

– Não, Apos Thaluqui, o que pede é possível. Eu é que pensava que a vida às vezes se diverte conosco.

– Por que diz tal disparate? A vida é dirigida por Viracocha e ele é sábio e justo, deseja o bem de suas criaturas. Se sofremos, é porque em algum momento agimos contra uma de suas leis. É a conseqüência de nossos atos, nada mais.

– Desculpe, Apos Thaluqui, foi uma frase infeliz e irrefletida. É claro que confio nos desígnios dos deuses, apenas pensava num problema particular.

Percebendo que o jovem sacerdote se fechava e não desejava expor seus dilemas pessoais, o conselheiro, benevolente, tocou-lhe o ombro e disse:

– Não sou mais jovem, mas não esqueça que já fui. Posso compreender muito do que acontece. Se precisar de um amigo, me procure.

Atipaj sorriu e tocou a mão de Thaluqui, pousada em seu ombro, e apertou-a suavemente, como dizendo: "Eu sei".

Descontraindo o encontro, o conselheiro decidiu servir-se de frutas e ofereceu-as a Atipaj, partilhando a refeição.

Algum tempo depois, o sacerdote afastou-se em busca do Inca, dando início à sua parte no plano de Thaluqui.

* * *

O vento frio da noite andina começava a soprar, embora o dia ainda fosse iluminado pelos raios solares. O mensageiro de Kara corria pelas trilhas do império que subiam as montanhas; em diversos pontos notara as marcas de acampamento deixadas pela patrulha, o que lhe aumentava a confiança de estar no encalço dos companheiros.

Treinado neste serviço, mal escurecia ele divisou o clarão de uma fogueira; manteve-se correndo até enxergar e saber com certeza que se tratavam de guerreiros do império. Peito arfante, respiração acelerada, corpo cansado da jornada extenuante de andar e correr nas trilhas sobre as montanhas, reduziu o passo, buscando fazer com que as funções orgânicas retornassem ao seu ritmo normal, possibilitando que falasse ao chefe do exército.

Como vinha com os trajes e adereços que o identificavam, não tardou muito e o guerreiro que alimentava a fogueira notou o movimento e a aproximação do mensageiro, chamando:

– Kallpa, há um mensageiro se aproximando. Venha ver.

O chefe descansava alguns metros distantes do subalterno. Levantou-se de um salto, empunhando suas armas e, rápido, atendeu ao chamado.

– É dos nossos – constatou Kallpa, relaxando o corpo e deixando pender a lança e o escudo. – Quem o terá enviado?

A curiosidade logo foi sanada com a chegada do jovem. O soldado que o vira providenciou água fresca e, após beber até fartar-se, o mensageiro falou:

– Obrigado, amigo. – Dirigindo-se ao soldado, devolveu o cantil e, voltando-se respeitoso ao chefe Kallpa, comunicou: – Trago um recado do chefe Kara a pedido de Thaluqui.

"Estranho!", pensou Kallpa ao ouvir a menção ao velho e respeitado conselheiro, passando a mão sobre o queixo enquanto encarava o rapaz. "Apos Thaluqui raramente se envolve em questões de segurança do império. Não que ele não conheça estratégia; conhece e muito bem, mas sempre disse não gostar, que seu amor era cuidar do povo, das colheitas e das cidades. Que terá acontecido?"

– Fale, jovem – ordenou Kallpa, atento às informações.

O mensageiro transmitiu as informações verbais recebidas de Kara, dando ciência das mudanças descobertas após a partida da patrulha e do pedido de Thaluqui.

– Fez seu trabalho, mensageiro. Descanse conosco, retornaremos juntos – determinou Kallpa.

Os guerreiros haviam ouvido a informação trazida e alguns murmúrios e conversas paralelas se estabeleceram no acampamento. Alheio ao burburinho, Kallpa permanecia em silêncio; seu olhar vagava pela semi-escuridão das montanhas com o brilho dos olhos de um condor defendendo seus altos ninhos, sobrevoando os picos das montanhas. Ele esquadrinhava, varria e vasculhava a região à sua volta.

Conhecia Athaualpa como poucos; haviam trabalhado juntos, sabia que seu adversário era astuto e excelente estrategista. Não teria sido imprudente de levar todos os seus homens para os arredores de Cuzco; ao contrário, a grande maioria devia permanecer nas montanhas.

Pensou detidamente, deu alguns passos afastando-se da patrulha e respirou profundamente o aroma da mata; depois, como uma fera, pôs-se a farejar pistas da localização dos rebeldes.

Agora em silêncio, os homens da patrulha observavam a atividade do chefe. Conheciam-no o bastante para saber que ele ponderava as informações recebidas; não emitira ordem de retorno imediato como sugeria o conselheiro e, obedientes, eles aguardavam.

Kallpa embrenhou-se um pouco mais na mata que margeava a trilha e sentiu o cheiro forte da vegetação, que acusava uma agressão: ela fora pisoteada. Baixou o olhar e viu marcas; atentamente, olhou e percebeu que elas seguiam subindo. Emitiu um assobio chamando seus homens e logo lhes mostrava a evidência da passagem recente de alguém por aquele lugar.

– Serão as pegadas do mensageiro de Athaualpa? – indagou um dos homens.

– É possível. São pés de alguém jovem e leviano, não têm a robustez de um guerreiro. Talvez um menino – respondeu Kallpa.

– Que faremos, Kallpa?

– Providencie uma tocha, vamos comer e logo em seguida seguiremos as pegadas. Dois dos nossos caminharão na mata e guiarão os outros; imagino que as pegadas devam seguir o caminho das trilhas até bem próximo do acampamento.

– Então vamos manter o plano e ignorar a mensagem? – tornou a perguntar o guerreiro.

– Até o amanhecer. Acredito que podemos pegá-los. Será melhor retornar com alguns rebeldes e fazê-los confessar seus projetos do que simplesmente deixá-los partir. Vamos nos apressar.

O mensageiro olhava aflito o chefe; estava exausto, partira de Cuzco naquela manhã e praticamente não descansara. Kallpa compreendeu o pedido mudo do rapaz e, alterando sua ordem anterior, falou:

– Fique neste acampamento, mensageiro. Permaneça atento a qualquer movimentação na mata; se vir homens, espreite-os tanto quanto esteja ao seu alcance.

Agradecido, o jovem acatou obediente a orientação do chefe do exército.

Logo a patrulha seguia, varando a noite, em busca do acampamento rebelde.

Horas à frente viajava o mensageiro de Athaualpa, que, veloz como o vento, ganhava espaço em relação aos homens de Kallpa e se aproximava do acampamento onde ficavam os rebeldes.

Reconhecendo o terreno e sabendo-se próximo do destino, reduziu a marcha. Suas pernas pesavam, seu corpo doía, a cabeça latejava em virtude do sol forte que suportara durante a tarde, contrastando vivamente com o frio da noite, arrepios lhe corriam pela coluna e desciam pelos membros e um tremor que iniciara leve e espaçado ganhava intensidade com o passar do tempo.

Sentia-se mal; a água do cantil era escassa, enchera-o ao meio-dia em uma cascata e consumira-a quase toda durante a tarde.

Seus passos foram perdendo a velocidade e, arrastando-se, ele prosseguia a subida.

Iluminada pela lua cheia, a noite era clara e facilmente os homens se movimentavam na mata; pelas trilhas era ainda mais fácil viajar, pois eram pavimentadas e não ofereciam dificuldades aos andantes.

No acampamento rebelde quatro sentinelas vigiavam, enquanto os demais dormiam; ao todo, não se contava mais de 30 homens. A tradicional fogueira aquecia-os e à volta dela haviam construído abrigos de madeira e palha, uma alta cerca de madeira servindo de proteção. Era um forte improvisado, rústico e não muito seguro.

Como não pensavam em enfrentar o exército do império no alto das montanhas, haviam construído o cercado para proteção contra os animais selvagens. A tosca construção tinha o formato de um quadrado e, em cada canto, uma torre elevada, com um sentinela.

Chaska[2], um dos sentinelas, conhecido por seu ouvido apura-

[2] "Planeta Vênus" - nm.

do, estranhou a agitação que percebia na mata pouco distante de sua posição. Pondo a mão em concha em torno do ouvido esquerdo, concentrou sua percepção no som que lhe chamava a atenção. Suspeitou que havia uma pessoa se aproximando; escutou um pouco mais e ficou convencido. Rapidamente, desceu da torre e correu até o outro sentinela, dando o alerta.

– Devemos acordar os outros? – indagou a sentinela.

– Por enquanto, não. Pareceu-me ser apenas um, devemos esperar, mas é necessário ficar atento e pronto – respondeu Chaska. – Avise os demais sentinelas. Voltarei ao meu lugar.

Mal acabou de pronunciar as palavras e dava as costas ao companheiro, retornou apressado à sua torre, de onde observou o outro transmitir o aviso. Com a atenção voltada ao ponto onde identificava o som, não tardou muito e o adolescente enviado por Athaualpa chegava trôpego às portas do acampamento. Vendo o estado debilitado e reconhecendo o companheiro, Chaska gritou ao sentinela próxima dos portões de acesso:

– Abra, é Wayra[3].

Prontamente, o guerreiro correu a acolher o jovem, que caiu em seus braços, fraco e ardendo em febre.

– Está doente – avisou o guerreiro a Chaska. – Mas não traz marcas de ferimento.

– Leve-o para perto da fogueira e acorde alguém para cuidar dele – ordenou Chaska. – Ele está falando?

– Sim, mas não faz sentido o que diz e tenho dificuldade em entender, pois fala muito baixo.

– Assim que ele estiver melhor, vou falar com ele. Mande avisarem-me.

Sem dizer nenhuma palavra, o guerreiro se afastou carregando nos braços o mensageiro e levou-o até uma construção, onde o depositou sobre um leito feito de palha e peles de animais.

[3] "Veloz como o vento" - nm.

O jovem debatia-se agitado e murmurava, aflito, sempre a mesma frase, como uma cantilena:

– Vão embora. Vão embora. Eles vão chegar logo. Vão para a costa. Chinkasqa, Chinkas...

Preocupado com o estado de Wayra e com suas palavras aflitas, o sentinela correu a acordar o guerreiro que mais entendia de plantas e tratamentos de doenças entre eles; com esforço, levou-o até onde estava o rapaz.

O homem forte e truculento fez um rápido exame em Wayra e comentou:

– É fraco, está cansado, a viagem e o calor fizeram-no adoecer.

Afastou-se do doente e, ganhando o centro do acampamento, dirigiu-se a um local que servia de depósito, onde secava várias plantas medicinais; apanhou um punhado delas e, retornando à fogueira, encheu uma vasilha com água quente e mergulhou nela as plantas, levando a infusão até Wayra, agora sozinho. Forçou o rapaz a ingerir a amarga beberagem, depois o cobriu com mais peles e sentou-se ao lado, cochilando.

Horas depois, Wayra despertava, lúcido. Aflito, reconheceu onde estava e o homem dormindo sentado ao seu lado. Pelas frestas da parede viu que ainda era noite, não conseguia saber se fazia muito ou pouco que chegara ao acampamento; neste esforço, recordou o propósito de sua desgastante viagem e, reunindo forças, ergueu o tronco, sentando-se no improvisado leito e cutucando o guerreiro adormecido.

– Acorde! Preciso falar com Chaska.

Várias vezes, Wayra repetiu o chamado até acordar o sonolento guerreiro, que, meio aturdido, o olhou com estranheza, e depois indagou:

– Está melhor?

– Sim, mas não consigo levantar-me, peça a Chaska que venha aqui; trago um aviso de Athaualpa.

O guerreiro assentiu e levantou o corpo musculoso com agilidade; a passos largos foi em busca do chefe, na ausência de Chachapuma e Athaualpa.

Minutos depois, a presença dos dois guerreiros enchia a pequena construção onde estava deitado Wayra.

– Como está, Wayra? – perguntou Chaska. – Chegou muito mal.

– Foi cansaço, vim de Cuzco sem descansar, andei a noite e o dia todo – justificou Wayra. – Athaualpa mandou avisar que partam o quanto antes para a costa; não disse como, mas falou que o exército está atrás de nós. Ordenou que abandonássemos o acampamento e fôssemos encontrá-lo na costa com Chinkasqa.

À menção de Chinkasqa, o chefe Chaska não conseguiu reprimir uma expressão de desagrado. Logo, a figura do homem estranho que viera do mar e se tornara amigo de Athaualpa se desenhou em sua mente, fortalecendo a expressão de desagrado.

– Chinkasqa? – indagou Chaska, em tom de dúvida.

– É. Vi Chachapuma questionar Athaualpa; também não gostou da decisão, mas acabou obedecendo.

– Hum! – murmurou Chaska pensativo, considerando que o confronto com Kallpa seria muito difícil de ser evitado.

* * *

Misturado ao povo, Atipaj se deslocava lentamente; sua postura revelava sofrimento, as costas vergadas como quem carregasse um pesado fardo, a cabeça baixa e o olhar opaco fixo ao solo. Não fossem as vestes e os traços fisionômicos, não se reconheceria o sacerdote de olhar brilhante e sorriso fácil. Olheiras e perda de peso eram visíveis demonstrações de cansaço e aflição.

Desde a madrugada insone, evitava a presença de Naira. Sofria e alegrava-se ao vê-la, e, como não conseguia lidar com esses sentimentos em seu íntimo, resolvera, fiel a seu pedido a Inty, renunciar pura e simplesmente à companhia da jovem, restringindo a convivência apenas às atividades do templo.

A tarefa solicitada pelo conselheiro Thaluqui consumia todo o seu tempo livre; entendia perfeitamente a importância dela, mas não podia ser desonesto consigo mesmo e dizer que eram as intrigas e confusões político-militares do império a causa de seu desgaste. Elas o preocupavam, sem dúvida, pois as visões e os pesadelos pareciam ter ligação com os fatos cercando o conturbado momento do governo de Huáscar. Mas a grande verdade é que seu padecimento era íntimo, pessoal, e gerava questionamentos que punham à prova toda a base de sua formação e a estrutura que dera à sua vida.

Diversas ocasiões, ao fazer esse mesmo trajeto, pegara-se tomado de inveja ao ver casais sorridentes e felizes. Mulheres grávidas lhe enchiam a mente de sonhos e devaneios, e sempre o rosto de Naira a bailar à sua frente, o sorriso cândido, as formas graciosas, a delicadeza dos gestos, as mãos pequenas, a pele morena do sol, o brilho dos cabelos; parecia que se tornara um especialista em conhecer os menores detalhes da moça.

Julgava mesmo que ninguém a conhecesse melhor em todo o vasto império Inca. Sonhava muitas vezes vê-la sem as jóias e trajes que denotavam sua condição de virgem do sol; depois, recriminava-se e implorava a Inty perdão por seus pensamentos.

Dia após dia, as dores morais foram abatendo a tenacidade de Atipaj, mas ele lutava. Seguindo os exemplos da natureza, ele se sentia enfrentando um inverno emocional – frio, longo e de alimentação escassa – e, como os animais, usava as energias armazenadas para sobreviver e aguardar a chegada da primavera para rejuvenescer.

Ao bater com o pé nos degraus da escadaria que dava acesso ao prédio do Inca e ouvir a saudação do guerreiro que fazia a guarda, o sacerdote ergueu a cabeça contemplando a edificação, cumprimentou o guardião e adentrou o prédio; logo chegava ao salão, onde o aguardava Thaluqui.

Feitas as saudações de costume, o velho conselheiro anunciou as novidades:

– O mensageiro de Kara retornou.

– Finalmente! – respondeu Atipaj. – Foram três dias de atraso, o que aconteceu?

– Kallpa, ao receber nossa mensagem, considerou a possibilidade de avançar sobre os rebeldes mesmo sabendo que Athaualpa não estava no acampamento, para enfraquecê-los; e, também, com os prisioneiros, poderíamos obter outras informações. Apesar de descumprir nossa orientação, ele agiu bem, provou que realmente é um grande estrategista.

– Obteve sucesso, então? Aprisionou muitos rebeldes?

– Quatro ou cinco, se não me engano. Ao que tudo indica, houve um enfrentamento com parte do grupo de Athaualpa. Localizaram o acampamento, que não era tão desprotegido como havíamos pensado, e é de se julgar que, por seu tamanho, abrigasse um número maior de homens do que os que foram encontrados.

– Conseguiram fugir – comentou Atipaj. – Sabíamos que os homens recrutados por Athaualpa não eram ingênuos. Ele é um grande guerreiro e um excelente estrategista; deve escolher bem seus aliados e treiná-los.

– Kallpa deve chegar a Cuzco ainda hoje. Eu e Kara discutimos logo cedo o que fazer com os prisioneiros e resolvemos que o melhor seria manter em sigilo estas prisões.

– Considerando que ainda não consegui realizar progressos em minha tarefa, creio que seria bom mantermos sigilo também em relação ao Inca.

– Você é sagaz, Atipaj, aprecio essa virtude. Concordo que não é o momento para Huáscar tomar ciência dos resultados da patrulha. Diremos que foram localizados os restos do acampamento abandonado e em chamas, e que esses dias vasculhando as montanhas serviram para provar que Athaualpa é perigoso e merece nosso respeito.

– Essa informação é destinada à accla Wayna.

– Ela se sentirá lisonjeada, é uma boa oportunidade para se falar sobre Athaualpa – propôs Thaluqui.

– A outra pessoa envolvida – Atipaj, cheio de cuidado, desconfiava que fosse a Coya, mas não ousava sugerir – está tendo melhor sorte?

– Talvez – respondeu o conselheiro. Em verdade, a Coya enfrentava as mesmas dificuldades de Atipaj e talvez maiores, pois as relações do divino casal não ultrapassavam o cumprimento dos deveres impostos pela estrutura social do império, de um lado, e pelas crenças, de outro.

Como esses deveres eram pilares de sustentação da civilização, Lawra, consciente das tarefas que pesavam em seus ombros, zelava pela manutenção das aparências e fazia crescer sua influência junto aos conselheiros do império.

– Ela é sensata, sabe o que está fazendo. Já temos as atividades de Wayna sob nosso inteiro conhecimento.

– Grande progresso! – saudou Atipaj, sinceramente. – Acredito que estamos avançando com segurança. Seria muito bom nos reunirmos com Kallpa assim que possível.

– Pedirei uma reunião amanhã pela manhã – determinou Thaluqui.

– Conselheiro, preciso prosseguir no meu trabalho. Devo dar as "novas" ao Inca ou o aguardo?

– Pode lhe falar, depois eu reforçarei a informação. Assim valorizamos o fato, criando maiores oportunidades de execução da sua parte no plano.

O sacerdote aquiesceu com um gesto e se retirou, seguindo por um corredor que o levaria a outra parte do prédio usada pela realeza.

Surpreendeu-se ao chegar à sala real e encontrar apenas a Coya cercada por suas servidoras. Atipaj, percebendo que sua presença não fora notada, ficou observando a atividade das mulheres.

Lawra contava pouco mais de 27 anos. Trazia os longos cabelos lisos e escuros repartidos ao meio, os traços do rosto eram bem definidos, sobressaindo a boca carnuda e grande, as maçãs salientes, os olhos castanhos maquiados com contorno de riscos negros. Sobre a cabeça, a diadema de ouro e prata com os símbolos do império. Seus braços magros eram cobertos de braceletes, e o colo ostentava um grande colar. A túnica, tecida caprichosamente em branco e vermelho com fios de ouro, cobria-lhe o corpo todo.

Suas servidoras trajavam túnicas semelhantes, em branco e tons crus, usavam finas tranças em todo o cabelo e muitas jóias. Conversavam animadas, enquanto a Coya recebia as mulheres do povo que vinham trazer seus pedidos ou render homenagens à filha dos deuses.

O carisma de Lawra era evidente. Acolhia seu povo como uma mãe recebe seu filho pequeno: atenciosa, gentil e genuinamente interessada na sua felicidade. A sinceridade de seus atos e sentimentos vinha espelhada no brilho do olhar, no carinho com que tocava as pessoas, e, embora não lhes pudesse falar diretamente, sorria e as acariciava.

A última mulher da longa fila trazia um bebê de menos de um mês nos braços; ao chegar em frente à Coya, estendeu-lhe a criança para que a tomasse nos braços e abençoasse. Lawra ergueu-se, apanhou o menino e desenrolou os panos que o envolviam, enquanto uma de suas servidoras indagava da mãe o nome da criança:

– Ninan, em homenagem ao nosso Inca – respondeu a mãe.

Rapidamente, Lawra voltou-se para as imagens do casal divino – duas estátuas em pedra cobertas de jóias, colocadas atrás dos tronos de seus filhos , enquanto contemplava o belo menino e o apresentava a Mama Quilla, pedindo proteção; seus olhos se umedeceram à lembrança do irmão-esposo morto recentemente e, em pensamento, pedia à deusa lua que o protegesse.

Num gesto impulsivo, beijou o menino, selando assim seu destino de protegido da Coya, e o devolveu aos braços da mãe, enrubescida de felicidade pela deferência dada a seu filho. Com exagero, inclinou-se ante a soberana e partiu.

O olhar de Lawra a acompanhou até que desaparecesse pelos corredores do prédio. Somente então Atipaj aproximou-se e a saudou.

– Venha, Atipaj – falou Lawra suavemente, feliz por poder dirigir-se a ele diretamente, cessando as formalidades.

– Com prazer, minha Coya. Apreciava sua audiência com o povo, e cada vez que as assisto amplia-se a compreensão de por que a adoram tanto.

– É um sentimento recíproco. Eu amo meu povo, nasci, cresci e fui preparada para servi-lo, sou feliz realizando minha missão. Eles sentem isso e confiam em mim.

– Visivelmente, por todo o império, é adorada e respeitada – confirmou Atipaj. – Tem razão em dizer que o povo sente em quem pode e deve confiar. Nos momentos turbulentos que enfrentamos com as mortes de Huyna e Ninan, o sentimento do povo pela Coya foi decisivo.

– Eu sei. Huáscar ainda não conquistou o povo e preciso dar-lhe tempo. Pelos quatro cantos do império sou conhecida desde menina e convivo com os chefes de ayllus e com os quatro apos e os principais líderes do exército e dos templos dos nossos deuses. Eles confiam em mim, preciso fazer com que tenham confiança no Inca.

A voz de Lawra tremeu levemente ao pronunciar a última frase e o fato foi notado pelo sacerdote, que se aproximou mais do local onde se assentava a soberana e comentou:

– Temos uma tarefa difícil. Aconselhar Huáscar não é coisa simples; ele escuta nossas palavras, mas não muda suas atitudes. Por falar nele, onde se encontra esta manhã?

– Ainda não o vi. Deve estar com as acclas do estado. Parece que elas são o único bem que ele valoriza no império.

Constrangido por não saber o que responder à Coya, o sacerdote silenciou e ficou novamente observando a expressão de determinação no rosto de Lawra.

"Ela não tremeria ao ordenar uma guerra, ao mandar matar alguém que ameaçasse seu povo e seu domínio", pensava Atipaj. "É inteligente e forte, sabe governar. Por que os deuses não deram a Huáscar essas qualidades?"

O som de passos chamou a atenção dos presentes e um grande sorriso desfez a expressão fechada da soberana Inca, ao receber a saudação de seu irmão, Manco Yupanki.

– Irmã e Coya, onde está nosso povo? – perguntou com simpatia o recém-chegado. – Creio que me atrasei. Perdoe-me, estava com Kara e nossa conversa se alongou.

– Eu o perdôo, mas o povo ficou triste em não encontrá-lo me auxiliando. Era fácil ver o olhar triste sobre sua cadeira vazia – disse a Coya.

– É mesmo verdade? – indagou Manco sorridente, dirigindo-se a Atipaj.

– Obviamente – respondeu o sacerdote, participando da recepção amistosa ao membro da realeza. – Fiquei no fundo da sala, a Coya e suas servidoras é que podem dizer melhor, mas notei um clima de tristeza no ambiente.

– Amanhã me redimirei junto ao povo, ou melhor, farei isso ainda hoje. Posso acompanhá-la à sua visita ao templo no fim da tarde? – sugeriu Manco, tomando a mão da Coya e a acariciando gentilmente, para depois se sentar descontraído no degrau ao pé do trono, contemplando a irmã.

– Ficarei feliz com sua companhia. Ultimamente, tenho feito as visitas ao templo de Mama Quilla apenas na companhia da Mamacomas e suas acclas.

Manco ampliou o sorriso, carinhosamente encostou o rosto na palma da mão de Lawra e sussurrou um agradecimento.

Atipaj, pela primeira vez, notava a devoção de Manco à irmã, e, observando seu olhar, suas maneiras, percebia que ele era sincero; encarava-a com o mesmo afeto que vira estampado no rosto das pessoas do povo que haviam sido recebidas pouco antes, e seu afeto era retribuído pela soberana.

– Meu irmão não a acompanha como deveria – censurou Manco. – Ele daria provas de sabedoria se a ouvisse e fosse visto a seu lado com mais freqüência.

Lawra ergueu o olhar ao teto; em seu rosto a expressão descontraída desapareceu e o olhar perdeu o brilho que momentaneamente o iluminara.

– Precisamos ter paciência, Manco – lembrou a Coya. – Huáscar precisa de nossa ajuda. Ele sempre foi o mais sensível, vivia um mundo próprio, sempre alheio aos compromissos com o império, só os cumpria por obrigação. Entendo que deva estar sendo difícil para ele esses tempos que vivemos.

– A Coya tem razão, Manco – reforçou Atipaj. – Se reconhecemos as dificuldades de Huáscar, precisamos ajudá-lo a superá-las. Os deuses confiaram nas mãos dele a condução do povo.

– Sim, eu sei – falou Manco, sem esconder um tom de irritação. – Entretanto, o que vejo são os "deuses" dirigindo o império pela boca dos conselheiros, dos chefes do exército e, se alguém se supera, esse alguém é Lawra. E agradeço aos deuses que essas pessoas todas os servem, pois do contrário nosso império e o trabalho de nossos ancestrais correriam sério risco.

Lawra empalideceu ao ouvir a crítica de Manco, embora reconhecesse a justiça de que se revestia; decidiu permanecer calada.

– Huáscar é o Inca a tempo suficiente para sabermos o que esperar dele – prosseguiu Manco.

– O império prospera. O povo recupera a saúde, depois da infestação da doença que matou nossos antigos soberanos. Salvo a agitação promovida por Athaualpa, estamos em paz – argumentou Atipaj. – Acredito que dispomos de tempo para aguardar que Huáscar se adapte melhor às funções de soberano.

Manco olhou seriamente para o sacerdote, depois para o rosto impassível da irmã. Sacudiu levemente a cabeça, fazendo balançar os cabelos, ergueu-se, andando até as aberturas que davam para um pátio interno e indagou, encarando-o:

– E o que me diz das leituras das vísceras no Inty Raymi? Devemos esquecê-las? Lembro do que foi dito: "irmãos guerreando contra irmãos e estrangeiros, sangue, mortes, violência...". O que Huáscar está fazendo para evitar isso? Nada! Salvo comparecer aos compromissos estritamente necessários, de resto que ele tem feito? Que decisões tem tomado? Sua ausência obriga todos a se esforçarem mais, e nem com tanto proveito como se ele assumisse seus sagrados compromissos com nosso povo.

Atipaj recordou as cenas evocadas por Manco e, pior do que elas, os pesadelos que se repetiam. "Ele tem razão, não há o que dizer", pensou. "Se Manco estivesse mentindo, eu não estaria aqui e não rondaria o Inca há tanto tempo, buscando afastá-lo de uma accla."

Ante o silêncio de seus ouvintes e o desaguar da ira que se via forçado a reprimir, Manco voltou-se e respirou profundamente, contemplando a visão do movimento do pátio e o azul brilhante do céu. Sentiu a mão fina de Lawra tocar-lhe o braço e, sem se voltar, cobriu com a sua a mão da soberana.

– Perdão, minha deusa – pediu Manco, mais calmo. – Perdoe e compreenda também as minhas dificuldades de aceitar o que vejo.

– Está perdoado, Manco. Entendo a sua revolta. Você é um líder natural, forte, destemido e, tal como eu, ama nosso povo e se preocupa com ele. Fique ao meu lado, fortaleça sua influência, me apóie e ajude. Juntos, conseguiremos conduzir o império e dar o melhor ao povo – pediu Lawra suavemente. – Eu preciso da sua amizade, da sua proteção.

– Sempre a terá – garantiu Manco. – Assim como a minha fidelidade a você. Apenas lamento ser só o que posso realizar.

Atipaj acompanhava o diálogo com interesse; nunca presenciara tamanha intimidade entre a Coya e um outro membro da realeza.

Absolutamente alheio ao que se discutia e às atividades que se haviam desenrolado, Huáscar vinha acompanhado de um pequeno número de servidores e de Wayna, e o som das conversas se antecipou à chegada deles ao salão.

Haveria que ser cego para não notar o endurecimento nas feições da soberana e de Manco, em quem, aliás, muito mal se disfarçava a irritação com o Inca.

Alegremente, Huáscar se apresentou no salão recebendo as saudações dos presentes, aproximou-se de Lawra e a cumprimentou atenciosamente, tomando-lhe a mão e conduzindo-a consigo para ocupar sua cadeira real ao seu lado.

– Como tem sido sua manhã, Coya? – indagou Huáscar.

– Ocupada. Recebi as mulheres do povo, ouvi seus pedidos, acolhi seus presentes, abençoei seus filhos. Conversei com os conselheiros. Há assuntos que reclamam sua atenção – respondeu a soberana, com voz indiferente.

– Recebi logo cedo um pedido de Thaluqui – confirmou Huáscar. – O atenderei à tarde.

– Por que não agora?

– Preciso pensar. Deve ser o desagradável assunto de Athaualpa.

– Quanto mais desagradável o assunto, mais rápido deve ser atendido – aconselhou Lawra. – Não gosto de temas pendentes e assuntos mal resolvidos, acabam por aumentar e gerar problemas bem mais sérios no futuro.

– Pois eu me inspiro na natureza, onde tudo que é largado apodrece e acaba por desaparecer. É o que imagino que vá acontecer com esse assunto.

– Você está errado – declarou Lawra. – Athaualpa não é uma fruta que se lança fora, jogada à terra para que apodreça. É uma pessoa, tem sentimentos, fala e age junto ao povo. Não ignore as qualidades dele. Se prosseguir agindo assim, ele crescerá. Você é o Inca, Huáscar, mas não é inatingível e não seria o primeiro a ser derrubado. Nossa história tem outros casos.

Huáscar entediava-se e irritava-se ao tratar de temas relacionados a política e estratégia militar – pontos sempre falhos em sua formação, dado seu desinteresse. Lawra, por dividir com ele a responsabilidade de comandar o império, freqüentemente, para não dizer sempre, falava desses assuntos. A voz dela soava como a acusação da própria consciência e ele a evitava, preferindo a companhia das acclas do estado – e especialmente Wayna – que o adulavam e mimavam.

Vendo os soberanos acomodados, Atipaj aproximou-se a tempo de ouvir as últimas palavras de Lawra. Olhou ao redor, certificando-se de que Wayna permanecia na sala e, aumentando levemente o tom da voz, para ter certeza de que atrairia a atenção da accla, começou a falar das muitas qualidades que lembrava de Athaualpa e deviam servir para se pensar e considerar com maior relevância as ações que intentava.

A estratégia mostrou-se eficiente; logo Wayna tomava parte na conversa e Atipaj se aproximava dela, chamando a atenção não só de Huáscar, mas também dos demais, para as reações apaixonadas da jovem. Descuidada, ela caía na armadilha. Lawra acompanhava com atenção o desenrolar da cena, compreendendo os propósitos de Atipaj e reconhecendo nele um aliado. Manco, incrédulo, admirava a ingenuidade da accla em confessar com seus gestos e palavras a paixão pelo membro rebelde, e percebia o ciúme despertado no Inca.

Os planos de Thaluqui, no tocante a neutralizar a accla, se revestiam de sucesso.

Durante a refeição que sucedeu a conversa, era visível o esfriamento da atitude do Inca em relação a Wayna. A mulher, desacostumada a ser ignorada pelo soberano, estranhou o comportamento do amante e tudo fez para conquistar-lhe a atenção; recebeu como resposta um olhar gelado e carregado de ciúme e desconfiança. Foi ao deparar com o brilho de vitória nos olhos da Coya que Wayna entendeu que caíra em desgraça, embora ainda não atinasse a razão.

À tarde, Huáscar se recolheu a seus aposentos sob pretexto de mal estar, dizendo que somente atenderia os conselheiros.

Os demais retornaram ao salão real. Wayna, amuada, foi dispensada sumariamente pela Coya, que, após vê-la se retirar, chamou Atipaj a aproximar-se de sua cadeira.

Receba meus cumprimentos, sacerdote Atipaj – disse Lawra.

– O que eu fiz para merecê-los, Coya? – indagou Atipaj cuidadosamente; não tinha segurança sobre o envolvimento da Coya nos planos de Thaluqui.

– Provou sua fidelidade ao Tahuantinsuyo e a mim.

Atipaj baixou a cabeça, escondendo o olhar da vista da soberana, onde se estampava a identificação de quem era a outra pessoa envolvida no plano do Apos Thaluqui, e comentou:

– O que estiver a meu alcance e for permitido pelos deuses farei pelo bem do nosso império. Agradeço sua deferência.

– Nos acompanha na visita ao templo de Mama Quilla logo mais, sacerdote Atipaj? – convidou Lawra.

– Com prazer, Coya.

– Somente estamos aguardando a Mamacomas Kusisa e sua auxiliar para partirmos. Com certeza já as conhece.

A informação de Lawra fez Atipaj encolher-se intimamente; em sua postura, apenas um tensionamento dos músculos das costas foi visível, mas ninguém prestou atenção à reação que denunciava seus sentimentos. Após alguns segundos, procurando manter a normalidade da voz e da expressão, ele respondeu:

– Sim.

– Ótimo. Será muito bom que o povo nos veja unidos: a realeza, a nobreza e os sacerdotes – comentou a Coya.

A chegada de Kusisa e Naira coincidiu com a grande agitação dos servidores dos soberanos, que preparavam as liteiras para conduzir a Coya e os sacerdotes. Cumprimentadas alegremente pelos trabalhadores, elas se apressaram a chegar ao salão real.

Saudaram a soberana e Atipaj com especial atenção e depois os demais.

Lawra deteve o olhar fixo e perscrutante em Naira, que estranhou a atitude, mas manteve a postura e humildemente deixou-se analisar, sem constrangimento.

– Atipaj – chamou a Coya, para ordenar: – Pergunte à accla Naira se tem tido outras visões sobre o futuro de nosso império.

Em seu papel de intérprete, Atipaj transmitiu a pergunta. Naira fez um gesto afirmativo com a cabeça e emendou:

– Embora me façam sofrer, Coya, não tenho como evitá-las. Graças aos nossos deuses tenho o amparo de Sariri, que me socorre nas aflições com suas orientações e me ensina a aceitar os desígnios de Viracocha.

– O que ela quer dizer com "aceitar os desígnios de Viracocha" e quem é Sariri? – questionou a Coya a Atipaj.

– Se me permite, Coya, eu mesmo posso responder-lhe essas questões. Sariri é o espírito de uma antepassada da accla, com quem ela mantém contato. E acredito que, quanto a aceitar os desígnios, seja a compreensão de que existem fatos que não estão na esfera do homem mudar e só nos resta acatá-los e tentar entender suas razões de ser. Há muitos anos recebemos avisos, não são fatos novos; devemos estar preparados quando acontecerem e não nos revoltarmos com os deuses e cobri-los de ingratidão.

Lawra ficou pensativa algum tempo e voltou a fixar o olhar em Naira, que permanecia parada à sua frente, com as mãos juntas sobre o baixo ventre; a túnica singela, os delicados adereços em ouro e prata que usava, os longos cabelos com tranças laterais unidas nas costas deixavam livres os traços miúdos de seu rosto, conferindo-lhe fragilidade e beleza bastante diferentes das mulheres que viviam em Cuzco. Ela exibia os traços do povo de sua avó, que habitara a região dos lagos e da costa.

– Agradeço sua resposta, Atipaj. Mas peça à accla que responda. Quero ouvi-la.

O sacerdote atendeu ao pedido da soberana e, enquanto aguardava a resposta de Naira, deixou-se encantar pela suavidade que ela transmitia. Custosamente, mantinha a atenção nas palavras que ela pronunciava, mas sua mente insistia em lembrar-se da alegre jovem que fora a seu encontro no templo da cidade sagrada para confortá-lo e desde então se tornara sua amiga, despertando, sem querer, sentimentos profundos em seu ser.

– É preciso, Coya, buscar entender o que Viracocha e seus emissários nos ensinam. O dia tem um início e um fim, assim também a noite e as estações do ano, e em cada um desses momentos todas as criaturas da natureza estão preparadas. Sariri dizia que mesmo antes das dores muitas mães sabiam quando seus filhos estavam próximos de nascer, porque sentiam que em breve os teriam nos braços, o que não sentiam muitas luas antes. Quando colhíamos ervas na floresta, ela me mostrava algumas fêmeas selvagens prenhas, que se isolavam dos bandos e vagavam alguns dias sozinhas, esperando o nascimento de suas crias, e só retornavam depois, com os filhotes. Elas sabiam que logo eles nasceriam. Da mesma forma, quando vão morrer, muitos animais se afastam dos bandos e buscam a solidão, locais distantes para viver as últimas horas apenas consigo mesmos e com o Criador, preparando-se para retornar às mãos Dele em paz. Para muitos fatos que não estão tão fortemente traçados na natureza, Viracocha encontra outras formas de preparar seus filhos: as nossas visões, as profecias dos sacerdotes, nossos sonhos. Eles servem para nos dar força e recordar que Viracocha nos ampara e protege. E, como disse o sacerdote Atipaj, faz com que não venhamos a cobrir de ingratidão o Criador, pois estamos cientes dos fatos e esperançosos de contribuir para que tudo em seu vasto reino obedeça à grande lei da transformação. Se males são vistos em nosso futuro, é preciso buscar forças para superá-los e compreender que eles se constituem em auxiliares divinos.

Lawra ouviu com atenção a resposta de Naira e, enquanto Atipaj reproduzia as palavras, ela pensava. Mal o sacerdote calou-se, a soberana disparou a pergunta:

– Não há o que fazer para evitar a realização dessas profecias?

Atipaj, surpreso, encarou a Coya, em seu olhar a silenciosa pergunta: "Tem ainda alguma dúvida?" Mas, como ela mantivesse a expressão firme, transferiu a pergunta a Naira.

– Não em minhas visões, Coya. Infelizmente, tudo que vejo é muito triste. Sangue e morte. O que havia para ser feito já se realizou e, a fim de conservar a mensagem de nosso povo, estão erguidos os monumentos que contam nossas vidas, crenças e passagem sobre a Terra, como fizeram os povos que nos antecederam, nos deixando as pirâmides da costa, a arte do povo dos lagos e outros tantos. Nós temos a cidade sagrada e de lá deveremos ajudar o povo na hora prevista, e conservar nossas tradições.

A soberana suspirou e, dando por encerrada a breve entrevista, levantou-se; tomando a dianteira, conduziu seus seguidores até o pátio, assentando-se na liteira e chamando Manco para sentar-se a seu lado.

Thaluqui, que caminhava ao lado da Mamacomas Kusisa, olhou com estranheza o fato e comentou com sua acompanhante:

– Apesar de todas as orientações dos deuses e dos templos, penso que nossos dias futuros têm ainda uma grande dose de imprevisibilidade.

Acompanhando a direção do olhar do conselheiro, ela entendeu a que ele se referia e baixou a cabeça, em muda concordância.

Aquela foi uma tarde de provação para Atipaj; uma parte dele regozijava-se na companhia de Naira, em observar, ouvir e acompanhar cada um de seus gestos, fosse nos serviços do templo, fosse junto ao povo ou à realeza. Tudo nela lhe parecia perfeito e felicitava-se por amar uma mulher com aquelas qualidades. Mas outra parte danava-se de sofrimento e urrava dentro dele, porque sabia que jamais a poderia ter para si – ela pertencia aos deuses.

De antemão sabia que o aguardava uma noite de angústia e sofrimento. Consolava, orientava e esclarecia a todos, participava e influía na vida política do império, mas tinha imensa dificuldade de conviver, aceitar e compreender a dor que o atingia e, por isso, era a seu ver a maior de todas.

CAPÍTULO VII

O Chinkasqa

"Quem tem vida sempre espera."

(William Shakespeare.
A Tragédia do Rei Ricardo III,
ato I – cena II: Ana.)

Dias depois, o grupo de rebeldes liderados por Athaualpa chegava próximo às ayllus da costa do oceano Pacífico.

O ar marinho era sentido com seu odor característico, a vegetação se modificava, as florestas e montanhas cediam espaço a grandes extensões desertas, com árvores baixas e leves, muitos coqueiros e o verde perdendo o tom profundo e escuro das antigas matas para adquirir uma tonalidade alegre e jovial, suave. O sol e o vento marinho castigavam a pele até mesmo dos guerreiros habituados à vida ao ar livre.

Athaualpa marchava à frente, debatendo com Chachapuma os planos imediatos; atrás, vinham os seguidores do líder rebelado.

Do alto de uma pequena colina, os viajantes avistaram as ondas verdes brilhantes, enfeitadas com a espuma do Pacífico Sul, refletindo magnificamente os raios solares; parecia uma grande esmeralda encravada na terra para deleite dos apreciadores da beleza.

– Estamos chegando – anunciou Chachapuma, virando-se para o grupo.

– Talvez alcancemos o nosso destino no fim do dia – comentou Athaualpa. – Daqui apenas percebemos a cobertura de palha das habitações. Chinkasqa mora a uma boa distância da aldeia, estamos perto.

– Athaualpa, você tem certeza de que Chinkasqa é de confiança?

– Claro – respondeu Athaualpa, sorridente. – O homem vive a contemplar o mar na esperança de que os seus venham buscá-lo, nunca causou problemas para o povo, vive só, aprendeu nossa língua e tem amigos, todos o querem bem. Por que você desconfia dele?

Chachapuma varreu com o olhar a planície que se estendia além do elevado, observando alguns animais inofensivos e a vegetação, porém seu pensamento se concentrava nas ocasiões em que encontrara aquele homem estranho que vivia na costa.

O povo contava que ele tinha nascido do mar. Em verdade, fora encontrado por um grupo de pescadores caído, desacordado nas areias da praia, como se as ondas o houvessem cuspido para fora.

Usava roupas estranhas, tinha os cabelos curtos e pêlos no rosto. Foi socorrido e sobreviveu; há um considerável tempo vivia entre o povo.

O que intrigava Chachapuma e o desgostava em relação a Chinkasqa era o fato de ele demonstrar uma estranha certeza de que alguém do seu povo viria em seu socorro, e os mapas e desenhos que ele fazia com base nas constantes perguntas sobre as minas de prata e ouro e sobre o caminho para chegar à capital do império. Era estranho.

Conhecia a história de outros homens que surgiam assim de repente, cuspidos pelo mar, mas eles acabavam vivendo integrados ao povo que os acolhia, casavam-se e tinham família.

– Ele é diferente – respondeu Chachapuma, encarando seu líder. – Não gosto da espera dele por outros de seu povo. Como ele pode ter tanta certeza de que virão? O que ele fazia tão longe da sua terra? Nunca falou sobre isso, fica sempre fazendo perguntas e desenhando mapas. Outros estrangeiros não são como ele. Vive só, parece querer ir para Cuzco, mas tem medo de se afastar do mar. É inquieto e esconde o olhar. Não gosto e não confio nele.

Athaualpa sustentou-lhe o olhar sério, ficou pensativo alguns momentos e por fim disse:

– Concordo que são comportamentos estranhos, mas ele nunca fez nada além de perguntas, não há o que temer. Vamos manter o plano.

– Você é nosso líder, Athaualpa, eu vou segui-lo; mas peço-lhe que não revele nossos planos a ele, muito menos a situação de Cuzco. Lembre-se: ele é um estranho.

Colocando a mão sobre o ombro de seu guerreiro, Athaualpa respondeu:

– Lembrarei de seu pedido. Agora, esqueça suas divergências com Chinkasqa, ele nos será útil. Mande os homens levantarem, basta de descanso. Seguiremos caminho e, antes do pôr-do-sol, estaremos em nosso destino.

Chachapuma afastou-se silencioso, rosto fechado, olhar com expressão preocupada. Reuniu os homens e com voz de comando colocou-os novamente em marcha, alcançando o elevado onde estava o líder e seguindo com ele pela planície.

A previsão mostrou-se certa. Caía a tarde quando alcançaram uma construção de adobe, em frente ao mar; estava apenas a uma distância segura do avanço das marés.

O grupo se aproximou. Athaualpa chamou pelo amigo, mas não obteve resposta; afastou a cortina de couro que fechava a porta de acesso ao interior e constatou que a construção estava vazia, embora houvesse nítidos resquícios de que era habitada. Cheirava a peixe cozido e fumaça, espigas de milho e algumas batatas estavam sobre uma mesa rústica; roupas espalhadas e objetos de cerâmica sujos diziam que seu morador estivera ali recentemente.

Athaualpa andou até o fundo da construção e, afastando a cortina de couro da janela, contemplou a pequena plantação nos fundos e falou:

– Chinkasqa deve estar por perto. Vamos esperar e providenciar alimento.

A noite avançava quando um homem alto, cabelos longos escuros e crespos, corpo magro, forte, aparentando contar pouco mais de 30 anos, rosto de expressão triste e conformada, marcado por algumas rugas e linhas em torno dos olhos e da boca, a pele morena, queimada pelo sol, com cicatrizes nos braços e nas pernas, aproximou-se da cabana.

Estranhou ao sentir cheiro de madeira queimando e ouvir vozes em algazarra. Seu habitat era sempre tão silencioso; aliás, a região que escolhera era desabitada, o pequeno vilarejo mais próximo distava horas de caminhada.

Em pensamento, estudou todas as possibilidades: não se tratava de uma invasão, pois o povo era pacífico; acreditavam que todos tinham direito ao uso da terra e a um local para viver, nunca soubera de disputas por esse motivo. Pensou nos poucos amigos que possuía, a maioria moradores do vilarejo e deduziu que não poderia ser nenhum deles, vira-os à tarde; só restava o jovem guerreiro e nobre Inca que conhecera dois invernos passados e que o visitava com certa regularidade.

– Só pode ser ele – falou o homem em espanhol, apressando o passo e andando resoluto até a cabana.

Estranhou ver tantos homens acomodados ao redor da cabana; divisava um ou outro rosto conhecido, porém tinha dificuldades para guardar-lhes os nomes e mais ainda em associar nome e fisionomia. Correndo o olhar por eles, murmurou a costumeira constatação:

– São todos tão parecidos, parece que só o que muda, mesmo assim muito pouco, é o peso e a altura deles. De resto, todos têm a pele morena, os cabelos longos, escuros, as maçãs do rosto salientes, a boca rasgada e os olhos grandes e amendoados.

Saudou-os em quíchua com carregado sotaque espanhol e perguntou:

– Vocês acompanham Athaualpa?

Um burburinho de vozes fortes e sonoras respondeu afirmativamente, levando Chinkasqa a dizer:

– São bem-vindos em minha casa. Comam e bebam à vontade do que tiver. Athaualpa é meu amigo e, como temos um amigo comum, vocês também serão meus amigos.

Há anos vivendo entre os povos daquele império, o estrangeiro aprendera que os valores da amizade e da hospitalidade eram zelosamente cultivados.

Andou até alcançar o interior da cabana, onde encontrou Athaualpa deitado sobre o catre que lhe servia. Sorriu ao vê-lo e amistosamente se cumprimentaram.

Notando a presença silenciosa e grave de Chachapuma, sentado sobre um banco rústico de madeira, Chinkasqa enrijeceu imperceptivelmente os músculos das costas e nuca, retesando-os até sentir um desconforto na base do pescoço; por isso, afastou o olhar de Chachapuma e indagou:

– O que o traz à minha morada, acompanhado por tantos guerreiros?

– Nosso acampamento das montanhas foi destruído – informou Athaualpa. – Resolvemos vir para a costa, aqui contamos maior número de simpatizantes da nossa causa.

– Há alguma disputa? – perguntou Chinkasqa.

O olhar de Chachapuma desceu feroz sobre o estrangeiro e com a mesma expressão raivosa encarou o líder, como a lembrá-lo do pedido de horas antes.

Athaualpa, encarando o guerreiro Inca, respondeu:

– Há. Em breve eu assumirei o lugar que me pertence.

– Você será o governante? O rei branco?

Chachapuma aproximou-se com os braços cruzados sobre o peito largo e postou-se atrás de Chinkasqa, indagando:

– Você sempre fala "rei branco" para se referir ao Inca. Por quê? De onde vem essa idéia? Desde que o conheço fala assim e por aqui ninguém se dirige ao Inca senão como "o Inca".

Um leve nervosismo se apossou de Chinkasqa; sabia que Chachapuma não gostava dele, era desconfiado, encarava-o sempre com um olhar atento, como uma fera espreitando sua caça.

Era o único do grupo de Athaualpa a tratá-lo daquela forma. Pensava rapidamente procurando construir uma justificativa, quando sentiu as mãos fortes do guerreiro se fecharem em torno de seu pescoço e o ouviu dizer, ameaçador:

– Fala, Chinkasqa, não gosto de quem se mete na casa dos outros.

– Solte-o, Chachapuma – ordenou Athaualpa, pondo-se de pé. – Chinkasqa é amigo. Não temos razões para duvidar dele.

– Também não temos razões para confiar nele, Athaualpa. Não interessa para um estranho o que se passa entre o nosso povo.

Ainda sentindo a pressão das mãos de Chachapuma apertando-lhe a glote e o pescoço, Chinkasqa ergueu as mãos e declarou com voz esganiçada:

– Está bem, Chachapuma, não quero saber mais nada.

Ao ouvir as palavras do seu prisioneiro, Chachapuma riu com desprezo e apertou-lhe um pouco mais a garganta, enquanto fixava Athaualpa e dizia:

– Viu como ele é covarde? Tem medo de morrer. Confie nossos planos a ele e tenha certeza de que o primeiro guerreiro de Huáscar a pôr as mãos nele saberá todos os nossos passos. É estrangeiro, não é fiel. Tudo que ele quer é ver surgir os seus de algum lugar para levá-lo de volta. Confie a ele uma só informação e eu irei embora, porque esta luta estará perdida. Ele é fraco.

Athaualpa observou o Chinkasqa com o tronco alongado forçosamente, gesticulando muito e lutando por respirar; compreendeu o que Chachapuma demonstrava, não tinha valor um homem que temia morrer e nele não se podia confiar. Baixando a cabeça, capitulou ante seu experiente guerreiro e disse:

– Não faça perguntas, Chinkasqa. Nossos assuntos não lhe interessam. Ficaremos acampados ao lado de sua cabana, é tudo que importa. Não quero que saia espalhando essa notícia.

Chachapuma imediatamente libertou seu prisioneiro e riu ao vê-lo levar as mãos à garganta, massageando a região; depois observou-o levantar-se e apanhar um cantil de argila, do qual sorveu um lento e longo gole de água.

Secando a boca com o dorso da mão, encarou os guerreiros e falou:

– Não direi nada a ninguém. Se puder ajudar... – E, voltando-se para Chachapuma, prosseguiu: – Podem confiar em mim.

Chinkasqa sentia medo dos guerreiros incas, conhecia histórias de sua fúria e brutalidade quando em luta; eram, regra geral, um povo pacífico, mas possuíam um exército bem treinado e destemido.

"São sagazes e inteligentes esses selvagens", pensava ele. "Na Espanha, fazia deles idéia muito diferente. São um povo organizado, existem mesmo construções mais belas que as nossas e, se lhes falta a roda, a pólvora, a bússola e outras invenções, têm estranhos conhecimentos que as suprem. Preciso que continuem a ser meus amigos, não posso enfrentá-los sozinho e sem armas. Se matasse qualquer um deles, os outros me matariam. Será que viverei assim para sempre? Não, o mestre virá, ele não desistiria do Eldorado. Preciso manter-me vivo para esse dia, quando então me juntarei aos meus e poderei lutar com esses selvagens. Não farei como outros náufragos e desterrados, que acabam se unindo às nativas e vivendo entre eles. Não sou um soldado qualquer, tenho pátria, tenho berço, sangue, honra e votos a cumprir. Preciso saber o máximo possível para ajudar as expedições que virão. Pode demorar, mas sei que serei resgatado, já aconteceu com outros."

Após este incidente inicial, nada de maior relevância houve entre Chinkasqa e o grupo de rebeldes. A amizade com Athaualpa continuou. Chachapuma permanecia desconfiado, atento a cada palavra que o estrangeiro dizia, o que fazia com que ele se tornasse extremamente cuidadoso.

O grupo construiu um novo acampamento, os guerreiros retardatários chegaram ao local notificando as ocorrências da retirada e informando que alguns haviam sido capturados pelo exército imperial.

O desagrado foi geral com a notícia e fomentou a revolta nos homens. Ansiavam por revidar a agressão sofrida, sentiam-se ultrajados, desafiados, e os pedidos de prudência e calma feitos por Chachapuma caíam no vazio, nem ao menos encontravam eco.

– Athaualpa, pense bem, temos muitos jovens entre nós, são inexperientes, pouco acrescentamos ao treinamento deles. Não há razão para precipitações, vamos esperar – pedia ele. Mas o líder tornou-se intransigente, temeroso do que poderiam revelar os prisioneiros e, principalmente, do que poderiam fazer os líderes do império contra Wayna. Não era preciso muita sagacidade para perceber que, a esta altura dos acontecimentos, eles já tinham muitas informações sobre quem eram os rebeldes e seus informantes.

– Iniciaremos os ataques, Chachapuma. É hora de assumir meu lugar. Huáscar cairá.

– Muitos inocentes morrerão nessa luta, é melhor manter nosso plano de sitiá-lo, fomentando declarações de levante e independência entre os povos agregados.

– Não temos mais tempo para isso; eles deram os primeiros passos, empurrando-nos para o ataque. Têm prisioneiros nossos, não posso ficar parado, os guerreiros cobram uma atitude.

– Não se deixe governar pela ira deles. Você é um bom estrategista, sabe que somente os guerreiros se inflamam na luta, os chefes têm que manter o controle e usar os conhecimentos e informações que possuem do inimigo para bem dirigir seus homens.

– Guerreiros insatisfeitos se voltam contra seus líderes, Chachapuma. Se não respeitam o valor e a coragem de seu chefe, não o obedecem. Se permanecer parado, é isso que acontecerá. Vamos ao ataque. Reúna os homens.

Derrotado pela teimosia de Athaualpa, o chefe guerreiro lamentou em silêncio a decisão e afastou-se, invocando a proteção dos deuses.

***

Na capital do império, o clima beligerante era sentido em toda parte, desde o grande palácio do Inca até os altares consagrados aos deuses.

Huáscar novamente fugia ao dever de governante, recusando-se a deliberar sobre as atitudes dos rebeldes, obrigando os conselheiros a assumirem a responsabilidade das ações que julgavam necessárias.

Mensageiros das diversas ayllus da costa chegavam em busca do Apos Thaluqui, narrando-lhe as movimentações do bando de Athaualpa. Terminando de ler uma mensagem recebida, o conselheiro olhou o jovem que fora o portador e indagou:

– Trouxe mais alguma informação de seu povo?

– Chefe Loma pediu para dizer que está preocupado. Só aguarda uma decisão de Cuzco para impedir a ação de Athaualpa.

Thaluqui andou de um lado a outro da sala, foi à janela, contemplou o sol da tarde, observou o movimento no pátio; aquele era mais um mensageiro de comunidade da costa a procurá-lo nos últimos dias, o que significava que a situação realmente se tornava complexa. Respirando profundamente, voltou-se para o jovem e respondeu:

– Diga ao chefe Loma que estamos tomando as providências. Ele não deve se preocupar, apenas manter o povo unido, trabalhando, e seus guerreiros a postos; se necessário, os chamaremos. A princípio, é intenção do Inca não envolver o povo nesse conflito.

O mensageiro ficou olhando o velho conselheiro e, como não recebesse nenhuma mensagem com a killpa, uma expressão de estranheza e decepção estampou-se em seu semblante.

– Vá, amigo. Não levará daqui nenhuma killpa sobre esse assunto, é melhor que não fiquem marcas desse incidente. Transmita minhas palavras ao chefe Loma. – E, para dar maior ênfase à sua decisão, apanhou a mensagem que recebera e a quebrou em vários pedaços.

Resignado com a decisão do conselheiro, o menino despediu-se e partiu do palácio com passos firmes e rápidos, tomando os caminhos que levavam à sua comunidade.

Thaluqui, lutando por manter a mente tranqüila, para agir com serenidade e não se deixar envolver na onda de agitação que assolava o império, dirigiu-se outra vez à janela, fechou os olhos e por bom tempo deixou os raios solares lhe aquecerem o corpo; o calor o acalmava e ele se julgava abençoado e confortado por Inty.

Usufruindo a calma que o exercício de meditação e confiança em forças superiores lhe proporcionava, começou a dirigir seu pensamento para a análise dos fatos daqueles últimos dias, concluindo que se fazia necessária uma reunião urgente do Conselho. Não era mais tolerável que se deixasse Athaualpa agir livremente.

Em pensamento, avaliou as medidas tomadas e as considerou positivas, porém insuficientes; o plano original teria que ser modificado, já que os dias atuais exigiam medidas mais severas.

Huáscar nunca demonstrara habilidade para governar; portanto, de pouco ou nada adiantaria sua participação, mas ela era necessária, ele era o Inca e as tradições do império deveriam ser preservadas para seu sucessor.

"Sucessor que não chega!", exclamou Thaluqui para si mesmo. "Como seria bom que houvesse filhos de Lawra."

Percebendo que o rumo de seus pensamentos fugia a seu controle e propósito, imediatamente o ancião disciplinou-se: "Este não é o momento de sonhar com herdeiros do império."

Decidido, afastou-se da janela e, recebendo o impacto do ambiente frio e sombrio da construção de pedra, parou alguns segundos e sorriu, notando quantos pequenos limites o corpo impunha à ação da vontade, do espírito. Cedeu à necessidade orgânica o tempo exato de sua reabilitação, reconhecendo não haver inteligência em brigar com a natureza, e partiu em busca dos aposentos da Coya.

Enquanto se dirigia para lá, ordenou a um dos mensageiros que lhe servia e mantinha-se à disposição no corredor, que fosse ao templo e pedisse a Atipaj urgência em vir ao palácio encontrá-lo.

***

No alto do velho pico, Wanka perambulava solitário entre as altíssimas árvores da floresta que rodeava a cidade. Naquele dia terminara cedo suas atividades; seus alunos eram disciplinados e inteligentes, era fácil ensinar às almas simples. O conhecimento lhes caía como chuva na terra, fecundava e produzia no tempo certo, sem oferecer as dificuldades impostas pelo orgulho de crerem-se cientes de muitas verdades.

Ele caminhava embaraçando-se entre os galhos, cipós e folhagens, justamente decidira-se a andar na floresta porque precisava de um exercício que lhe impusesse a obrigatoriedade de atenção da mente. Se caminhasse pelas ruas e praças da cidade, suas conhecidas desde quando eram simples projeto, as teria percorrido mecanicamente e não teria logrado impor à mente o seu domínio. Reconhecia que precisava sentir-se pleno – corpo, mente e espírito.

Há muito, desde que conhecera Naira, que convivia com essa dificuldade – o pensamento em local distante, apartado de onde estavam seu corpo e seus deveres.

Lutava, meditava, conscientizava-se das informações que tinha, conhecia os passos que devia percorrer, vira os seus percorrerem aquele caminho, preparara-se e julgava que agora tinha condições de vencer. Esquadrinhava suas memórias e reconhecia que, entre os incas, realizava seu maior e melhor trabalho de regeneração.

As dificuldades das encarnações na Terra lhe ofereceram oportunidades de muitas descobertas, de privações, tornaram-no mais sensível. Tinha uma confiança irrestrita no Deus Supremo; apegarase à sua imagem de bondade, sabedoria e amor, construindo a partir daí as mudanças que sua antiga personalidade necessitava e convertendo-se no amauta querido e respeitado por aquele povo. Ensinara-os, buscara desenvolver-lhes as capacidades intelectuais com amor, dedicação e paciência.

Não deixara que a proximidade com o poder, onde vivera a maior parte de sua idade adulta, o corrompesse ou ele corrompesse o ambiente que o acolheu. Contribuiu com zelo e empenho para que os valores maiores que compunham a sua missão e a dos seus fossem preservados e disseminados, cumprindo o que lhe competia.

Quando iniciara o projeto da construção da cidade sagrada para refúgio dos valores e tradições da civilização, abraçou-o e afastou-se definitivamente da capital, embrenhando-se pela floresta até o ponto mais alto que conseguiam alcançar, o mais sagrado, mais próximo do infinito, de onde poderiam contemplar as lutas e sofrimentos reservados ao aprendizado dos espíritos ainda em provas e expiações, sentindo a paz e a segurança de que no além, em um plano superior, civilizações de paz, compreensão e amor o aguardavam.

Sonhara com o dia de sua libertação. Ansiara por reencontrar os amigos de outras eras. E agora que sentia em seu íntimo a proximidade desses tempos, estava dividido.

Ouviu os ruídos dos animais, dos pássaros, e o som ritmado e inconfundível de uma queda d'água. Orientando-se pelos sons, caminhou até encontrar a cascata, rodeada por uma piscina de águas cristalinas e cercada de folhagens verdejantes ladeadas por algumas pedras.

Sentindo-se no domínio da mente e das emoções, acomodou-se sobre a pedra e deixou que seu olhar contemplasse a beleza e a mansuetude daquele local intocado pela mão do homem. Tudo ali agia e reagia tão-só ao comando das mãos invisíveis do Criador e de suas sábias leis.

Respirou a longos haustos e, aos poucos, começou a sentir brotar em seu peito uma calma alegria e fortificar a certeza de que o Ser Supremo comandava os mundos e que, apesar de suas diversidades e dificuldades, todos tendiam invariavelmente ao cumprimento da lei de evolução. Mesmo os caminhos mais espinhosos, as ações mais infelizes, os hábitos mais lamentáveis, um dia se converteriam em equilíbrio e amor.

Era preciso respeitar a forma como Ele ensinava – tudo está ante o olhar de seus aprendizes, todas as suas leis são escritas na natureza física e moral dos mais diferentes mundos, ninguém é obrigado ou coagido a aprender.

A vida é o eterno convite e a generosa oportunidade sempre renovada em qualquer das milhares de "escolas" por Ele dirigidas. Mestre paciente com nossos erros. Ele não os impede, sabendo que somente sentindo as dores e os prazeres decorrentes de cada um dos nossos atos de fato desenvolveremos as potencialidades de que somos dotados.

Wanka analisava o curso da água e o ritmo constante com que ela fluía do alto da montanha e caía na piscina, criando a ilusão de que parecia não se modificar; porém, a cada segundo as forças que atuavam eram mudadas e renovadas e as partículas que circulavam naquele local não eram mais as mesmas, umas reagiam sobre as outras, sucedendo transformações imperceptíveis.

Assim é também o ritmo da vida, da caudalosa vida moral e emocional do espírito. Parecemos ser os mesmos, mas essa idéia é uma ilusão, a cada milésimo de segundo sofremos inúmeras modificações físicas e emocionais. É o giro implacável das leis eternas, que nos impõem um ritmo de crescimento e nos empurram a experimentar sempre a renovação – é a força das coisas nos impulsionando a desvendar o mundo do Ser real.

O espírito necessita acompanhar esse ritmo, aprendendo a tornar-se senhor das experiências encerradas nesse plano físico e, juntamente com o conhecimento superior e o domínio desse mundo, partir para a descoberta do mundo interior, tão pujante de forças, o reino soberano da vontade e da inteligência. Desse conhecimento material e espiritual virá a aguardada libertação da dor, das provas e expiações.

Nos idos do século XVI, a Terra ainda vivia mergulhada em muita ignorância. A inteligência humana já construíra muitos engenhos e preparava-se para avançar a passos mais rápidos, mas os entraves ao progresso eram bem maiores, tornando-o lento. A ambição fomentava a ganância e, se muitos males engendrou, é preciso que se diga também que fez a inteligência humana se ampliar, investigar e buscar a superação de preconceitos e superstições, lançando fora o medo do novo, do desconhecido.

No altiplano andino, Wanka tinha uma visão além daqueles tempos; a trajetória evolutiva que compulsoriamente vinha assessorar não lhe oferecia os mistérios da matéria, mas exigia-lhe o desvendar de si mesmo, a descoberta, o uso e o domínio de suas forças espirituais.

Desembaraçara-se das ilusões que cercavam esse reino, tal qual fizera na caminhada pela floresta. Aprendera a saber quem era, de onde vinha, o que desejava, convertera vícios de conduta em virtudes, fazendo seu mundo interior amadurecer, amava seus semelhantes e vivia em paz. Julgava que essas conquistas lhe trariam a ansiada e almejada libertação, mas eis que de repente, não mais do que isso, surge à sua frente o cândido olhar da jovem Naira e ele descobre uma fonte ignorada em seu ser: amar, servir, dedicar-se com absoluto desinteresse à felicidade dos que o cercam. Mergulhar e dissolver-se no mar da humanidade e ainda assim sentir-se pleno, individualizado. Sentir as alegrias e tristezas, sendo capaz de não deixá-las perturbar sua consciência profunda.

O sentimento novo que descobrira em si vinha marcado fortemente por Naira e, às vezes, o desconcertava, tal qual ocorria com a água da cachoeira que, soprada pelo vento, fazia oscilar o pesado véu que escorria do alto da rocha.

A seu lado, velhos amigos que haviam deixado a Terra acompanhavam felizes sua busca por entender essa modificação em si e em seus propósitos. Sabiam que os lances finais daquela missão eram para breve e ele chegava coroado de êxito ao momento supremo.

Sariri sorria, trocando olhares felizes com Kuchikuchi e outros. Integravam-se àquele ambiente natural, onde a obediência às leis do Criador era a tônica. Não havia razão para interferir na organização sensitiva de Wanka; aquele momento pertencia a ele e ao Criador, desejavam apenas ser criaturas agradecidas pela vida.

Uma brisa fria anunciou que a tarde logo cederia à noite. Wanka, vivendo um estado de plenitude e profunda integração, sentiu-se pacificado ao reconhecer que seus sentimentos não o prendiam como pensara, mas que, experimentando-os profundamente, descobria que o libertavam. Vivera muito a ânsia de retornar ao "seu mundo"; agora entendia que o amor pleno, do qual se descobrira capaz ao conviver com Naira, o tornava apto a fazer qualquer mundo seu. Era um habitante do universo, irmão de toda a criação.

O amor por Naira o fizera descobrir a capacidade do amor-doação; agora entendia a atitude de Sariri, ao renunciar a um mundo melhor para viver e auxiliar aqueles com quem convivera na

Terra. Ela compreendera que, amando, viveria feliz em qualquer mundo; por gratidão, por querer doar-se, ela amparava os povos com que convivera no território dos Andes.

"Eu também ficarei. Não importa o que aconteça", decidiu Wanka, falando em alto e bom som.

Ao pronunciar as palavras, sentiu-se profundamente sereno e ainda mais calmo e feliz. Olhou ao redor e percebeu brilhos fugazes, como se uma chuva de luzes caísse a seu redor, fechou os olhos e, por uma fração de segundo, viu os velhos amigos a seu redor, entoando cantos de louvor, vibrações harmoniosas e uníssonas que se convertiam em preces de agradecimento.

Pequenas lágrimas umedeceram seus olhos e correram suaves por sua face; não eram amargas, eram a água da vida. Emoção pura, força sob controle, a assinatura imperecível e consciente de um espírito que compreendia a renúncia a seus interesses e sonhos para dedicar-se aos outros.

As lágrimas tocaram o solo úmido e fértil da floresta, como querendo dizer que ele enfim não se sentia mais um estranho; era parte do planeta, não tinha mais um lar distante, mas sentia-se capaz de viver e amar onde estivesse. A mãe Terra fora uma professora diligente e ele a amava. Agradeceu a companhia das inesperadas testemunhas de sua manifestação de vontade e, renovado, regressou à cidade.

***

Em Cuzco, o Apos Thaluqui reunira o Conselho do Império, formado pelos conselheiros das quatro regiões, o chefe do exército e os sacerdotes e sacerdotisas responsáveis pelos diversos cultos e templos. Sentados em seu local sagrado, o divino casal acompanhava a exposição dos motivos da reunião habilmente conduzida pelo ancião.

Lawra tinha conhecimento pleno de todos os fatos narrados, assim como Atipaj e Kallpa, que se haviam reunido no dia anterior e deliberado pela necessidade de tomada de decisão. Atipaj, novamente, pedira soluções diplomáticas, rechaçadas pelos demais sob a alegação de que as tentativas anteriores, logo no início do conflito, não tiveram qualquer sucesso. Diziam conhecer o caráter arrebatado de Athaualpa e sua determinação em tornar-se o sucessor de Ninan, ignorando a orientação de Huyna Cápac, depois referendada pelo Conselho.

Vencido, Atipaj acompanhou a reunião na esperança de que estivessem realmente seguindo o caminho certo. As lembranças das visões e dos sonhos o perturbavam naquele momento decisivo e ele implorava a Inty ajuda e proteção à nação Inca.

O Inca Huáscar ouvia assustado a narrativa do conselheiro; desde o episódio com Wayna, encarava o fato de que subestimara a capacidade de Athaualpa de criar problemas. Sentira-se vencido pelo irmão ao notar a indisfarçável paixão que a accla – sua segunda esposa – ainda nutria pelo rebelde, apesar de seu afeto e atenção. Revoltara-se, invejara o sentimento que Wayna dedicava ao arruaceiro. Aconselhado pela inveja, queria a destruição total do irmão.

Surpreendendo os conselheiros reunidos e demais membros da realeza, que conheciam seu caráter vacilante, tão logo Thaluqui encerrou sua exposição, Huáscar levantou-se e disse:

– Ordeno que Athaualpa e seus seguidores sejam presos e trazidos a Cuzco para serem sentenciados e executados em público. Que parta o exército em busca dos rebeldes imediatamente. Prendam e tratem em igualdade de condições com os outros prisioneiros rebeldes a accla Wayna.

Um murmúrio de surpresa e aprovação ecoou no grande salão; apenas Lawra e Atipaj ficaram em silêncio, alheios às manifestações.

Horas depois, Kallpa comandava a saída de grande número de guerreiros pelos portões do forte que protegia a capital com destino à suposta localização dos rebeldes na costa.

* * *

Muitos dias depois, Naira andava, retornando das costumeiras visitas às plantações, onde abençoara as lavouras, e vinha em paz.

Desde que lhe ocorrera o estranho sonho do qual se lembrava de forma fragmentada consolidara-se sua tranqüilidade e fé, mesmo ante suas visões. Não pensava mais nelas. Vivia seu dia-a-dia com serenidade, cumprindo seus deveres.

À noite, seus pensamentos voavam para a cidade sagrada e ela recordava todos os momentos vividos ao lado de Wanka, repassava as conversas e, muitas vezes, acordava com a certeza de ter estado com ele, o que lhe proporcionava grande bem-estar.

Ao lado de Kusisa, ia aprendendo todas as funções de uma mamacomas e naqueles dias recebera sua primeira protegida; encantara-se com a menina. Durante o dia, a pequena Loma Tika, com seu sorriso fácil, ocupava suas horas. Ensinava-lhe as primeiras lições para ser uma sacerdotisa do sol, tanto as de caráter religioso como as primeiras noções do ofício de tecelã. A ternura da criança, sua vitalidade e frescor, aliados aos traços graciosos, falava das razões de seu nome: a menina era uma flor do cerro, das montanhas.

Pensando que precisava dispensar os primeiros cuidados a Loma Tika, pois o dia amanhecia, Naira apressou o passo. Nunca imaginara que se sentiria tão realizada ao receber uma menina para educar. Loma Tika tornara a lembrança de Sariri mais presente em sua vida; toda vez que sentava a pequena em seus joelhos para trançar-lhe o cabelo, lembrava os conselhos da avó, sentia-se realizada e compensada por cumprir seu dever junto ao povo, compreendia profundamente o ensinamento de Sariri de que o dever era o guardião da felicidade.

Como o ar ainda fosse bastante frio, vinha com a garganta seca e, ao aproximar-se de uma das fontes na praça de Cuzco, debruçou-se sobre a pequena vertente de água observando o reflexo de seu rosto no espelho d'água; ao fitar os próprios olhos, enxergou uma mancha vermelha esparramando-se e, do centro dela, emergiram guerreiros lutando. As imagens foram se tornando mais nítidas e ela viu que todos eram guerreiros incas e que lutavam em vários pontos do império, numa sucessão de batalhas sangrentas.

Abaixada junto à fonte, ela ergueu o rosto e fitou o céu; chorando, disse:

– Irmãos matando irmãos! – falou Naira, pesarosa. – É o início da realização das profecias.

Fim da segunda parte – A Virgem do Sol.
Primeiros dias do outono de 2003.

José Antônio

DE ANA CRISTINA VARGAS

O HERDEIRO - SÉRIE "OS QUATRO CANTOS DO MUNDO"
ditado por JOSÉ ANTÔNIO
Quando da Terra o homem apenas conhecia a Europa, a África e a Ásia, o velho mundo encheu-se de lendas. Naufrágios, tragédias e muita especulação sobre uma terra nova e muito rica em prata e ouro embalavam o sonho de homens aventureiros, sedentos de fortuna. Era o Eldorado – glória, liberdade e riqueza além dos mares conhecidos – que enchia a mente e despertava a cobiça de espanhóis e portugueses. Nas primeiras décadas de 1500, essa realidade ainda se mantinha e é em meio a ela que surgem grandes heranças, cavaleiros medievais, ordens religiosas e um jovem herdeiro disposto a bem viver envolvendo-se nas aventuras do mundo exterior. Primeiro volume da série.

O FIM E O INÍCIO - SÉRIE "OS QUATRO CANTOS DO MUNDO"
ditado por JOSÉ ANTÔNIO
Narra a chegada das expedições espanholas ao seu destino e o processo de colonização do império Inca, o inevitável choque cultural, o contato do europeu com a diversidade de crenças e costumes de outro povo. Descreve também a relação entre as leis divinas: Lei de Conservação e Lei de Destruição. A busca pelo ouro e pelo poder, que levou os espanhóis à violência contra um povo pacífico e desarmado, foi capaz de destruir as crenças e valores sagrados impondo uma nova religião. Essa história leva o leitor a profundas reflexões a respeito de seus próprios atos e atitudes e propõe um mergulho intenso em seu universo interior. "O Fim e o Início" expressa as leis naturais da vida e demonstra como agem os sentimentos humanos no curso da existência, onde cada fim é em verdade um novo início. Terceiro volume da série.

O Bispo

ditado por José Antônio

Um romance inesquecível onde o cenário é a Itália do século XVII. Período em que paixões proibidas, intrigas religiosas, crimes, poder, ambição, rígidos conceitos geraram conflitos humanos que só o amor é capaz de curar. Essa obra nos mostra que muitos dos nossos problemas têm suas raízes na falta de nos amarmos e nos aceitarmos plenamente, livres de culpa, dispostos a cooperar com a evolução e aceitar novas oportunidades.

Escravo da Ilusão

ditado por José Antônio

Escravo é todo aquele que de alguma forma abdica de sua liberdade de agir, abandonando seus ideais e renegando sua individualidade, para se adaptar ao conjunto de regras externas. Essa obra propõe uma viagem ao reino da escravidão buscando encontrar caminhos de liberdade. É valiosa oportunidade para extrairmos lições de viver e conviver em sociedade e também para encontrarmos a autoliberdade.

Dramas da Paixão

ditado por José Antônio

Muito precisamos meditar sobre as mágoas afetivas que causamos aos nossos semelhantes quando, egoisticamente, envolvemo-nos com outra pessoa sem que nessa relação entrem afetos verdadeiros. Essa obra vem nos mostrar que sábias são as leis que regem a vida e que quando não escolhemos amar só nos resta como alternativa viver uma existência de dor, de solidão, de desalento e de angústia.

De Francisco do Espírito Santo Neto

Conviver e Melhorar

ditado por Lourdes Catherine e Batuíra

Os autores pretendem nos auxiliar a ter um bom relacionamento com nós mesmos, para que possamos lidar melhor com as personalidades difíceis que encontramos em nossa esfera familiar, no ambiente profissional e social. Ajudam-nos na arte do relacionamento interpessoal, facilitando e aperfeiçoando nossa convivência.

Os Prazeres da Alma
ditado por Hammed

Esta obra, a exemplo do livro *As Dores da Alma*, é objeto de estudo do comportamento e dos potenciais humanos baseado em *O Livro dos Espíritos*. O benfeitor Hammed denomina *Os Prazeres da Alma*, sentimentos como a sabedoria, alegria, afetividade, coragem, autoconhecimento, lucidez, compreensão, amor, desapego, compaixão, perdão e outros tantos. Hammed busca no trecho do Novo Testamento (Marcos 12:37) "E a multidão O escutava com prazer!" a inspiração para o título deste livro.

As Dores da Alma
ditado por Hammed

Nesta obra Hammed faz uma análise dos "sete pecados capitais" e, ao mesmo tempo, um estudo sobre a depressão, o medo, a culpa, a mágoa, a rigidez, a repressão – o que ele denomina as "dores da alma". Constrói pontes entre os métodos da sociologia, da psicologia, da pedagogia e diversas questões de *O Livro dos Espíritos*. Uma excelente reflexão sobre o comportamento humano.

Renovando Atitudes
ditado por Hammed

Hammed, nesse livro, diz que só podemos nos transformar até onde conseguimos nos perceber. Ensina-nos como ampliar a consciência para que possamos enxergar as verdadeiras intenções que motivaram nossos atos e atitudes e, por conseqüência, melhoraram nosso procedimento em relação à vida. Obra baseada em *O Evangelho Segundo o Espiritismo*.

A Imensidão dos Sentidos
ditado por Hammed

Como "olhar" além do óbvio e do que nossos cinco sentidos podem oferecer? Como adentrar no vasto campo da sabedoria espiritual de forma natural e espontânea? Essas e outras tantas respostas você encontrará nessa obra baseada em *O Livro dos Médiuns*. Essas páginas constituem um verdadeiro tratado de como perceber a vida transcendental dentro e fora de nós.

Impressão
Lis Gráfica e Editora Ltda.
(São Paulo, SP)